Angela Pilch

Leben mit Max

...

Das Familienmitglied

Bibliografische Information der Deutschen Nationalbibliothek:
Die Deutsche Nationalbibliothek verzeichnet diese Publikation
in der Deutschen Nationalbibliografie; detaillierte bibliografische
Daten sind im Internet über http://dnb.d-nb.de abrufbar.

Pilch, Angela:
Leben mit Max. Das Familienmitglied
Norderstedt: Books on Demand GmbH, 2008
© 2008 Angela Pilch
Alle Rechte vorbehalten.

Einbandfotografie: © 2008 Angela Pilch

Satz, Layout und Einbandgestaltung: Buchgestaltung.de
Herstellung und Verlag: Books on Demand GmbH, Norderstedt

ISBN 978-3-8370-2761-7

Max

. . .

Inhalt

. . .

Mein Lebenslauf

...

Mein Geburtsname ist *Zeno*, und die Abstammungs-angaben lesen sich wie ein Märchen. Vater Topstar's Hitchcock, geboren 1993, weiß, West-Highland-White-Terrier, erhielt sehr viele Preise, schaffte es in jungen Jahren bis zum Welt- und Olympiasieger. Meine Mutter Sunny's Line Rubin, geboren ebenfalls 1993, holte schon in ihrer Jugend zig Preise, unter anderem den Jugend-Gala Internat.-Sieg. Meine Großeltern und andere nächste Verwandte können sich mit ihren Pokalen bewerfen. Und ich stamme auch aus einem Wurf dieser Sippe. Wir waren drei gesunde Welpen. Da ich als Erster ent-stieg, am 30.03.1995, bin ich der typische Alphahund, hoch intelligent, was mir immer wieder bestätigt wird. Die ersten Wochen verbrachte ich bei der Familie in Lunestedt, vereidigte Rassehunde-Züchter. Ich hatte es sehr gut. Bei Hunden ist es anders als bei Menschen: Sie werden nach einer gewissen Zeit an andere Eltern vergeben. Bei meinen Züchtern muss man nicht Angst haben, dass man in falsche Hände gerät: Sie geben nicht an Hundequäler ab.

Ich traf es gut. Ich kam nach Hamburg in ein ruhiges Haus, entpuppte mich allerdings als Rüpel. Daraufhin steckte man mich in eine Schule. Erfolglos. Ich blieb sitzen und verließ ohne Abschluss die Ausbildungsstätte. Von rausgeschmissenem Geld und Unbelehrbarkeit hörte ich sie sprechen. Dafür erkannte ich selbst sehr früh meine

Meine Mutter und ich

Ich nehme den Geruch meiner neuen Familie auf.

Die Übergabe nach zehn Wochen

Fähigkeiten und Qualitäten, auch meine Begabungen. Deshalb lasse ich an mir in keiner Weise schulmeisterhafte Belehrungen gelten. Ich schalte auf stur. So ist es bis heute geblieben. Es entspricht voll meiner Rasse, also lasst mich in Ruhe. Gemerkt hatte ich allerdings bald, dass sie den Namen *Zeno* nicht benutzen. Sie nennen mich *Max*. Meine spitzen Ohren hörten mal ein Gespräch, in dem es hieß, es wäre üblich, den im Zuchtbuch eingetragenen Namen in einen anderen zu wechseln. Da ich jedoch im Ohr ein Brandzeichen (Täto-Nr. LWT61) trage, kann man mich jederzeit als *Zeno* entlarven. Inzwischen bin ich bei *Tasso* registriert und trage auch selbstverständlich den Chip zur Rückverfolgung, falls ich mal in Hände von Hundefängern gerate. Bei meinem Aussehen nicht auszuschließen. So weit meine Abstammung. Der Charakter lässt sich ganz kurz beschreiben. Ich tue was ich will, habe keine Moral, schlafe viel und gerne, raufe sehr gerne, lasse mich nach Strich und Faden verwöhnen, und da man mich liebt, nutze ich die Situation tüchtig aus. Ganz so faul bin ich nicht, ich schreibe jetzt über meine Reisen.

Euer Rüde

*D*a ich schon sehr früh mit auf Reisen genommen wurde und es mir immer gut gefiel, will ich auch mal etwas Arbeit leisten. Ich schreibe dieses Buch, also mein *Reisetagebuch*, so wie die Eindrücke auf mich wirkten, und ich habe viele Erfahrungen sammeln können in meinem Hundeleben.

Die ersten Jahre begleiteten mich mein Frauchen und meine große Schwester. Später blieb mein Frauchen zu Hause, und ich erzählte ihr dann meine Erlebnisse. Ich wohne in ihrem Haus, habe einen großen Garten, aus dem ich nicht ausbüxen kann, aber viele große Löcher buddeln darf. Darf ist nicht richtig, sie werden immer wieder mit Erde aufgefüllt, weil der Garten *schön aussehen* soll. Trotzdem trage ich regelmäßig meine Knochen raus und buddle sie ein. Eben echter Instinkt. Nur esse ich sie später nicht, weil ich es bei dem Angebot im Fressnapf vergesse. Links seht ihr den Wolfgang und meine beiden Schwestern!

*A*lso, außer diesen beiden Bezugspersonen habe ich noch die jüngere Schwester mit dem Wolfgang. Sie wohnen am anderen Ende der Stadt, kommen aber nur *wegen mir* regelmäßig. Auch sie machen viele Reisen mit mir. Werde ich alles erzählen. Auf der anderen Straßenseite wohnen Ägy und Kim. In ihrem großen Garten beruft mich keiner, wenn ich unter den Tannen die Erde wegfetze. Kim nennt mich Balduan und spielt sehr viel mit mir. Ägy ist guter Kumpel. Daneben wohnt Marlene. Bei ihr bin ich im Haus immer sehr vorsichtig. Ich habe nämlich die natürliche Eigenschaft, Neuland zu stempeln. Was das ist, weiß jeder. Kommt nicht überall an. Gibt auf heller Auslegware gelbe Flecken. Bei Frust hinterlasse ich auch im eigenen Haus Stempel. Hat uns ein Psychiater erklärt, ich halte mich daran. Es wurden schon einige kleine

Teppiche angeschafft, die gelben Flecken verdecken.

Ich wäre mit meinem Zuhause sehr zufrieden, wenn nicht das ganz große Ärgernis jeden Morgen in Form von Kamm und Bürste auf mich stürzen würde. Meine Füße sind sehr sensibel. Und als Rüde habe ich hinten zwei schwarze Kugeln voller Empfindlichkeit. Und so geht es weiter. Es gibt also viele Stellen, eigentlich hasst der ganze Körper Kamm und Bürste. Für meine Hygiene haben sie extra im Keller ein formgerechtes Waschbecken einbauen lassen. Mit Brause und so. Man hat mich nicht gefragt, ob ich überhaupt gewaschen werden möchte. Und darum werde ich da drin sehr unangenehm, beiße um mich. Hat mir den Namen Hasso, der Reißende, eingebracht.

Wegen dieser Eigenschaften habe ich folgendes Gedicht verfasst:

Max, der Mausepaul

Wenn Mausepaul den Kamm entdeckt,
wird er zu Max, sehr furchterregend.
Und blitzschnell er sich dann versteckt,
in einer Höhle in der Gegend.
Am liebsten würde er dann hasten
in den beliebten Druckerkasten.

Kohlrabenschwarze Augen sprechen Bände.
Man ruft, sucht, bittet tutig.
Er wartet nur auf Greiferhände:
Dann schnappt er zu, sehr mutig.
Er rast davon, das Spiel beginnt:
Mal sehen, ob der Kamm gewinnt.

Mit Max kann man nicht Bälle schmeißen,
nicht Stöcke schleudern, ihn nicht jagen.
Er möcht' allein die Dinge reißen.
So spielt er schon seit frühesten Tagen.
Die Vorderpfoten runter, oben Po und sehr zum Lachen,
so kämpft und bellt er mit den Sachen.

*U*nd bocken kann er, Teufel auch.
Hat seinen Willen, soll man wissen.
Trotzig liegt er mit verdrecktem Bauch,
beleidigt in den Seidenkissen.

*C*harakterstark , ein kluger Kopf und hübsch dazu,
gewinnt er jedes Herz im Nu.
Ein echter Mausepaul, der Max, auch Mäuserich genannt.
Bei Kosenamen kann man schwören,
auf keinen kommt er angerannt.
Nur »Leberwurst«, das kann er hören.

*U*nwesen treibt er nachts im ganzen Haus,
am längsten hält er es in Betten aus.
Mit ihm sprechen kann man, wie mit unsresgleichen.
Er hört gut zu und sieht Dich an.
Hat er verstanden, gibt er Zeichen,
indem er einfach weggeht dann.

*I*m Trolley lässt er sich durchs Bauhaus schieben.
Stolz sieht er geradeaus, die Leute sind verzückt.
Der Anblick ist stets zum Verlieben,
wenn er sich noch in Pose rückt.

*D*er Max ist ein verzognes Hundekind,
Manieren schießt er in den Wind.
Er führt das schönste Hundeleben
und kann uns sehr viel Freude geben.

Oberstdorf

. . .

*I*ch weiß zwar nicht, was Muttertag ist, weil man mich von meiner Mutter getrennt hat, aber es war so ein Tag, als wir schon um 4.30 Uhr aus den Betten mussten. Meinen Rundgang durch den Garten ließ ich mir nicht nehmen, Hunger hatte ich so früh noch nicht. Dafür weiß ich noch, dass ich am Bahnhof Altona, aus dem Taxi kommend, gleich auf einen *Trolley* gesetzt wurde. Ich liebe diese Fahrten. Bei Max Bahr nehmen sie für mich auch immer einen und legen unsere eigene Matte rein, weil meine Füße sonst durchs Gitter rutschen. Jedenfalls ist die Zugbegleiterin von mir begeistert und weist mir meinen Hundesitz am Fenster zu.

Es gibt viel zu sehen. Schafe, Seen, Berge. Mittags hätte ich gerne im Restaurant gegessen, aber Frauchen und Schwester lassen sich hier in der ersten Klasse das Essen servieren. Also habe ich nichts zu gucken. Meine Fahrkarte sagt, dass ich in der Tasche reise. Der Schaffner hat nichts dagegen, dass ich meine Decke auf den Sitz lege, oder unter den Sitzen schlafe. Ich liebe Höhlen. Wenn ich hoch sehe, steht doch ewig dieser Kellner hinter der Glastür und sieht mich an. Wasser und Essen bekomme ich auch reichlich. An einem Bahnhof sagt die Schaffnerin, ich könne 16 Minuten raus. Muss mal sein. Hier begegne ich noch einem Hilfsdackel mit den gleichen Bedürfnissen, er wird aber von seinem Herrchen gleich weggezerrt, als er mich sieht. Reine Eifersucht.

Endlich sind wir in Oberstdorf, nach elf Stunden. Bis

der Trolley kommt, kann ich ja mal schnell an die Koffer pinkeln. Oh, sie haben es gesehen. Das Taxi bringt uns dann in unsere Wohnung. Mich beachten sie erst nicht, weil sie Wasser anstellen und Sicherungen reindrehen müssen und auspacken. Mir wird mein Platz zugewiesen. Können sie ja machen, ich suche mir schon selbst die besten Stellen. Unter dem Nachttisch kann es mir gefallen. Ich probiere es die erste Nacht. Vorher sind wir allerdings erst mal tüchtig gelaufen. Dann kuscheln wir noch vor dem Fernseher.

Am nächsten Morgen geht es auf den *Bichelweg*. Ich weiß, was *Bichel* heißt, denn mein geliebter Wolfgang stammt aus der Gegend und sagt, *Bichel* ist ein Hügel. Ich sehe die großen Wiesen und darf ohne Leine laufen. Mann, was haben die hier für große Hunde! Alle von der gleichen braunen Rasse. Ich stürme los, sie laufen weg. Sie groß und so feige. Scheinen aber neugierig zu sein, denn sie kommen gleich wieder zurück und auf mich zu. Nun wird mir mulmig, ich mache lieber schnell einen Rückzieher. Ob es gar keine Hunde sind? Riechen auch anders. Rechtzeitig begreife ich, dass es sich hier um Allgäuer Kühe handelt. Das hätte schief gehen können.

Bald habe ich wieder so ein Erlebnis der besonderen Art. Wir stehen im Dorf vor einem Hundegeschäft. Ich soll ein neues Halsband bekommen. So mit diesen großen Kühen drauf. Hat bei uns bestimmt keiner, ich könnte damit angeben. Wir kaufen, ich verlasse stolz den Laden. Nach den ersten Schritten glotze ich plötzlich einem Kollegen in die Augen. Wir sehen leider beide gleich aus, gleiches Halsband. »*Wie heißt Du*«, frage ich? »*Ich heiße Max und komme aus Hamburg.*« »*Nein, Du lügst. Ich heiße Max und komme aus Hamburg.*« Es stellt sich raus, dass es stimmt. Wir ziehen beide von dannen, würdigen uns keines Blickes mehr.

An diesem so genannten Muttertag werde ich noch kräftiger gebürstet als üblich, ich hasse diese Minuten am Morgen. Man macht sich fein und zieht zum Essen zum *Waldesruh*. Voll! Ich liege unter dem Tisch, werde aber vom Ober sehr nett behandelt. Es kommt sogar die junge Wirtin, um mich zu begrüßen. Bückt sich, wir Auge in Auge. Ein Stück Fleisch wäre mir lieber.

Vor unserer Wohnung treffe ich noch den *Airdale* mit den Flecken. Wir haben uns nichts zu sagen. Dafür muss ich anschließend in die Wanne, weil es draußen so gesaut hat. Am nächsten Tag wieder die großen Kühe, die ganze Straße voll. Ich halte mich vorsichtig am Rand. Da drüben ist ein anderer Hund, hätte ihn gerne beschnuppert, aber uns trennen die Viecher. An einem anderen Tag gehen wir wieder den *Bichelweg* durch den Wald. Eichhörnchen, ich an der Leine, ich werde wild, der Kerl lacht sich wahrscheinlich in die Pfote, weil ich an der blöden Leine bin. Dann stehe ich einem kleinen Exemplar dieser Kuhviecher gegenüber. Wir starren uns gegenseitig in die Augen. Sonst passiert nichts. Aber ich muss doch mal zu Hause in den Spiegel sehen, ob meine Augen auch so groß sind und die Wimpern so lang. Das hat mir, ehrlich gesagt, sehr imponiert.

Am letzten Tag gehen wir nochmals über die riesigen Wiesen. Ohne Leine kann ich so richtig springen und überall schnuppern. Aber immer werde ich gleich gerufen. Einfach nicht hinhören. Meine Rasse hört sowieso nicht richtig auf Rufe, wenn der Jagdinstinkt erwacht. Als mir das klar geworden war, schaltete ich von dem Tag an auf stur, wenn das *Max, Maax, Maaax*, ertönte. Mache ich heute noch so. Ach, da kommt mein Freund, der große alte Schäferhund mit seinem auch so alten Herrn. Er macht leider nur müde *wau-wau* und zieht weiter. Hätte so gerne gespielt.

Am Abfahrtsmorgen buffe ich einfach mal. Das kommt nicht gut an, weil es angeblich erst fünf Uhr ist. Ich bin aber schon wach und will noch mal gründlich raus, alles abstempeln. Später kommt das Taxi und bringt uns zum Bahnhof. Ah, wieder eine kurze Trolley-Fahrt. Wäre ich doch immer so groß! Erst einmal im Abteil, zeige ich, dass ich ein sehr versierter Reisehund bin, und springe gleich auf meinen Sitz; ich habe doch Hin-und Rückfahrkarte bezahlt. Es kann losgehen. In Göttingen werde ich wieder die 16 Minuten nutzen, um das kurze Bein hinten und die Vorderpfote diagonal zu heben. Drahtseilakt. Das Abteil bleibt für uns bis Hamburg leer. Wir können Wasser schlürfen, essen und unter dem Sitz schlafen.

Im nächsten Jahr reisen wir wieder nach Oberstdorf. Gleich mit Kuhhalsband. Diesmal haben wir mehr Gelegenheiten, um das Bein zu heben. Ich stelle mich auf zwei Minuten Bahnsteig ein. In Augsburg dauert es länger, nicht wegen mir, die Lok wird ausgetauscht. Während der gesamten Fahrt sehe ich oft aus dem Fenster. Da sind sie schon, die mit den großen Augen und den langen Wimpern. Übrigens sah ich zu Hause meine Augen an, sind nicht so groß, aber sehr hübsch.

Und meine Spürnase weiß genau, wann der Fahrkartenmensch kommt. Dann gehe ich in Stellung. Es ist mein Abteil, also werde ich ihn anbellen.

In Oberstdorf wieder die gleichen Zeremonien. Nachdem das alles erledigt ist, geht es endlich auf den Bichelweg. Das Wetter ist dieses Mal besser. Ich muss meine kurzen Beine nach zehn Stunden Fahrt auslaufen, dann falle ich müde ins Bett.

Am nächsten Morgen wache ich auf, und gleich fällt mir mein Korb mit den Spielsachen ein. Er stand im Mai dort. Ich hin, ja er steht noch da. Ich werfe ein paar Bälle, knurre sie an, dann vergeht mir die Lust. Man sagt immer, ich hätte keine Ausdauer. Ich habe schon viele Hunde beobachtet, die pausenlos Bällen hinterherlaufen, die von ihren Leuten geworfen werden. Stehen dann mit Bettelblick und warten auf den nächsten Wurf. Unter meiner Würde. Nicht im Traum denke ich daran, so zu betteln oder meine Energie zu verbrauchen. Ich habe meine Bälle, einen roten, einen blauen, die hole ich mir aus dem Spielzeugkorb, wenn es mir passt. Dann werfe ich selbst, renne wild hinterher, schmeiße, springe. Und die mich dann beobachten, sind ganz verzückt. Ich gebe dann an und vollbringe noch ein paar akrobatische Übungen und ernte Beifall.

Den Korb habe ich also entdeckt. Jetzt muss ich noch auf den Balkon raus, um die Gegend unter die Lupe zu nehmen. Pu, ist es hier heiß. Sie sagen, wir hätten 23 Grad. Schöne kühle Fliesen liegen hier.

Als wir später durch den Kurpark gehen, bekomme ich Durst. Keines von den herrlichen Bächlein in Sicht. Also mache ich mich an den Fischteich ran, werde sofort an der Leine gezerrt.

Die Biergärten sagen mir dann eher zu als der spinnige Kurpark, der so hundefeindlich ist. In Biergärten gibt es unter den Tischen immer Hunde. Und überall stehen Näpfe mit Wasser.

Manchmal lassen sie mich in der Wohnung, wenn sie einkaufen gehen. Da kann ich nicht mit, also übernehme ich als Wachhund die Aufsicht. Ich habe da mein gemüt-liches Kissen, gleich neben dem Telefon. Auch diesen Dienst übernehme ich. Leider hatte ich noch nie einen Anruf. Aber auf geschossenen Bildern kann man meine Gewissenhaftigkeit testen.

Als wir am Sonntag an der *Stillach* über die Wiesen latschen, bin ich wieder voll beschäftigt. Kommen fünf Hunde entgegen. Ich wittere eine Toberei. Aber was passiert? Sofort erscheint die Leine, wir kehren um. Schöner Sonntag. Dafür werde ich in den verschiedenen Lokalen wiedererkannt. Alle begrüßen mich wie einen alten Kurgast. Es wird mir manchmal etwas zugesteckt.

Am besten hat mir die Kutschfahrt ins Oytal gefallen. Vorne zwei riesige Pferde, die mir nichts tun können, weil sie angebunden sind, ich neben dem Kutscher auf der Kutscherbank. Welch ein Hochgenuss! Anschließend wird eingekehrt. Da will mich doch unter dem Tisch so ein Flegel von einem Corgi beißen. Packt mich am Nacken. Es passiert aber nichts. Trotzdem werde ich gleich nach *Blut* untersucht.

Auf der Rückfahrt regnet es, was nur den Menschen etwas ausmacht. Dafür hat der Kutscher die Plane gespannt. Ich sitze diesmal zwischen meinen Leuten, ich muss sie ja wärmen. Es ist wirklich kalt geworden, der Regen bleibt, auch während meines Abendspaziergangs.

Als ich am nächsten Morgen auf dem Balkon stehe, sehe ich doch tatsächlich Schnee. Ich will raus. Vielleicht kann man mich weißen Hund im weißen Schnee nicht sehen, und ich kann meinem Jagdinstinkt nachgehen. Aber das sind Hundeträume. Ich träume viel, und dann bin ich immer riesengroß, verbelle alle und laufe wie ein Gepard.

Der heutige Spaziergang bring mir wieder die Badewanne ein. Wir tappen durch den Matsch in den Wiesenhügeln. Sie zerrt mich, ich will wühlen. Dann bocke ich, und wenn ich nicht so dreckig wäre, müssten sie mich tragen.

Da das Wetter so bleibt, haben sie nicht so richtig Lust, mit mir durch die Sümpfe zu traben. Dabei sind gerade bei dem Wetter Mäuse und Wühlmäuse unterwegs, ich hätte alle Pfoten voll zu tun. Und mit der Schnauze könnte ich sie aufstöbern. Stattdessen muss ich sie immer auf meine Rechte aufmerksam machen, in dem ich auf die Zeitung springe, schrill belle, mit der Nase buffe. Ich habe Langeweile. Nein, ich muss sagen, sie kümmern sich viel um mich, ich komme oft genug raus, gut zu essen, guter Schlafplatz.

Dann ist die Zeit auch schon wieder um, die Heimreise steht an. Beim letzten Morgenspaziergang stelle ich fest, dass ich gar nicht mehr wühlen kann, die Erde ist gefroren. Passt doch gut zu einer Abreise.

Etwas ist diesmal anders. Bis Sonthofen muss ich in der Tasche sitzen. Aber dann haben wir das Abteil wieder für uns bis Hamburg. Unterwegs die üblichen paar Minuten Bahnsteige, dann bin ich froh, als ich zu Hause ankomme und alle meine Lieblingsplätze einnehmen kann. Trotzdem, die Reisen nach Oberstdorf waren für mich sehr eindrucksvoll. Obwohl die Begegnung mit dem Westy aus Hamburg im letzten Jahr für mich unverständlich bleibt. Ich bin doch ein einmaliges Exemplar. Und dann muss ich diesem Double begegnen. Es hat sehr an meinem Image gekratzt. Alles gleich: Herkunft, Heimat, Halsband. Hoffentlich vergisst er meinen Blick nie.

Wie ich schon sagte, bei der ersten Reise hatten wir den Muttertag. In dem Jahr wusste ich noch nicht, dass man an dem Tag große Aufmerksam seinem Frauchen schenkt. Später dachte ich mir, auch ich muss meinem Frauchen eine Freude machen. Also schrieb ich ein Gedicht: zum Muttertag.

Zum Muttertag

So lernten wir uns kennen;
acht Jahre ist es her.
Du wolltest Max mich nennen,
ja, das gefiel mir sehr.

Links siehst Du meiner Mutter schönes Fell.
Und meines ist noch glatt und hell.
Hier nehm ich Deine Nähe in mich auf.
Derweil verhandelt Ihr den Kauf.

Als alle an mir rumgerochen,
hab ich mich in mein Bett verkrochen.
Denn müde war ich Tag und Nacht.
Das Schlafen hat mich stark gemacht.

Und als nach Wochen Du mich holen kamst
und wieder in die Arme nahmst,
da war ich, was man fertig nennt:
Ein großer Hund, der bellt und rennt.

*Ich habe bezahlt, darum habe ich Anspruch
auf einen ordentlichen Platz.*

*Höflich, wie ich bin, empfange ich
den Schaffner auf dem Boden.*

Ich habe Telefondienst und erwarte Anrufe
von meinen Kollegen aus Hamburg.

Der Ausblick hier in Oberstdorf aus der Wohnung
auf die Berge ist phantastisch.

Usedom

...

Zu der Zeit lebte ich in Rissen in Pension. Ich war zwar schon ausgewachsen, aber noch sehr jung. Mein Frauchen befand sich im Krankenhaus. Dort wurde ich einmal des Bettes verwiesen; seit dem blieb ich unten im Treppenhaus mit meinem geliebten Wolfgang. Ich war sehr deprimiert. Frauchen war sehr krank, meine große Schwester musste noch arbeiten und konnte mich am Tag nicht gebrauchen. Um all den Kummer von mir zu nehmen, beschlossen meine Schwestern und der Wolfgang, der mir immer die größten Brocken unter dem Tisch reicht, für vier Tage nach Usedom zu fahren. War mir kein Begriff. Ich hörte nur, dass der alte Wehrmann sich sehr freuen würde über unser Kommen. Es war meine erste Autoreise. Mit dem blauen Hoppel war ich schon oft gefahren, lag immer ganz bequem auf der Beifahrerseite, Kopf auf dem Teil, das sie Tunnel nennen. Aber jetzt fuhren wir mit einem anderen Auto, nennt sich SLK. Kein Tunnel. Es passte mir nicht. Durch ewiges Meckern brachte ich es zum Ausdruck. Dann noch die großen schwarzen Augen, schon saß ich auf dem Schoß. Das Auto hat kein Dach, ich bekam viel frische Luft. Kaum oben, wollte ich wieder runter, dort machte ich wieder Spektakel. Also hielten sie an, ich raus und in aller Ruhe, schnuppern. Ein paar Tropfen hier, Bein hoch dort. Zu der Zeit war ich schon so groß, dass ich das Bein heben konnte. Und jeder konnte sehen, dass ich ein Rüde bin. Inzwischen bin ich ein wahrer Akrobat, kann zwei Beine gleichzeitig heben. Sieht vorne aus, wie zum

Gruß. Das Spektakelspiel wiederholte ich in regelmäßigen Abständen. Fand Autofahren blöde. Heute kann ich auf dem Boden liegend Stunden so verbringen. Schlafen, ins Kissen kuscheln. Aber damals war ich froh, als wir einmal an einer Bude hielten. Roch nach Erbsensuppe, oder Würstchen? Jedenfalls bekam ich nur Wasser und von meinem Welpenfutter, die beiden labten sich an der Erbsensuppe.

Nach sieben Stunden kamen wir endlich in Heringsdorf an. Vor dem Hotel wartete schon der alte Herr Wehrmann; er hatte Müll weggebracht. Nicht weil er eine Hilfskraft ist, nein, ihm gehört das »*Strandhotel Ostseeblick*****«. Er ist dort geboren, war aber Jahrzehnte im Westen, wie er sagt, hat dann nach der Wende, was immer das ist, das Hotel zurückbekommen und ganz toll aufgebaut. Ganz feine Adresse, hoch oben auf der Steilküste. Herr Wehrmann wurde gleich mein Freund. Er freute sich sehr über meine beiden Begleiter, aber mich schloss er in sein Herz, übernahm mich und Leine, führte mich in die Empfangshalle. Fußboden aus Marmor gefiel mir. Um die Begeisterung zum Ausdruck zu bringen, hob ich ein Bein am nächsten Sessel. Die Tat wurde nicht gerügt, was für den Charakter meines Freundes Wehrmann spricht. An einer Tür stand »*Privat*«. Hier trat nun Frau Wehrmann raus, wischte kurz, nahm mich auf den Arm und küsste mich; wir verschwanden in ihren Gemächern. Jetzt wusste ich, dass ich in diesem Hotel nicht leiden muss. Sie sagte mir, dass ihr kürzlich verstorbener Hund sich genauso verhalten hätte, er wäre auch wie ein Sohn gewesen. Während ich mit Wasser versorgt wurde, saßen meine Leute an der Bar und begrüßten sich auf ihre Weise. Später bezogen wir das Zimmer. Alles fein und neu. Den Sessel nahm ich gleich ins Auge. Wir legten eine Decke rauf, ich rollte mich zusammen, schlief eine Runde.

Später machten wir einen Spaziergang, um das Terrain zu sondieren. Oh, was roch die Promenade gut. Man darf da auch als reinrassiger Hund laufen, nicht nur Promenadenmischungen. Wir trafen einen Kollegen. Nein, bloß nicht wieder der arrogante Kerl aus Oberstdorf, der auch noch Halsband, Namen und Herkunft Hamburg mit mir gleich hatte. Nein, er war frech wie Oscar und sehr lustig. Wir rauften uns auf der großen Wiese. Frau und Tochter versprachen mir dann, mich morgen früh zum Frühstück einzuladen. Was das wohl werden sollte. Ich hörte dann, dass sie als Bedienung bei Familie Wehrmann arbeitet. Im Hotelzimmer angekommen, machten sie mir klar, dass sie einkaufen müssten. Den Spruch kenne ich schon. Also rauf auf den Sessel, eingerollt in Wolfgangs Pullover, Ruhepause. Später ging es als Abendspaziergang die Dorfstraße rauf und runter. Auf den Nebenwegen beschmutzte ich meine Füße. Und so kam es, wie es kommen musste, ich wurde in die Duschkabine gestellt und gewaschen. Beleidigt verschwand ich in der Tagesdecke auf dem Fußboden.

Am nächsten Morgen wartete Herr Wehrmann schon auf der Terrasse auf mich. Wir frühstückten zusammen draußen. Ehe ich mich versah, stand schon ein vornehm dekorierter Teller unter dem Tisch, daneben Wasser. Die Frau hatte Wort gehalten, begrüßte mich sehr liebevoll. Da meine Leute und Herr Wehrmann mal eine Reise in die Karibik gemacht hatten, sprachen sie noch über die Erinnerungen. Wir waren auch aus alter Bekanntschaft hier zu Besuch. Jetzt hatte Herr Wehrmann Pläne für uns. Wir wollten mit dem Dampfer nach Polen fahren. Um zehn Uhr sollte es losgehen. Er führte mich an der Leine und sprach wie Mensch mit mir. Trotzdem langweilte ich mich an Bord auf meiner ersten Seereise. Na ja, war ja

Die Fahrt nach Usedom war sehr anstrengend für mich jungen
Burschen. Bis meine Leute ins Zimmer kommen,
kuschel ich mich in die Tagesdecke.

Der liebe Herr Wehrmann fährt mit uns nach Polen und
nennt mich Zloty. Der Eimer ist überflüssig,
ich werde doch nicht seekrank.

Herr Wehrmann zeigt mir auf seinem Grundstück,
wo die Hasen leben.

Ich gehe da nicht rein!

Die Ostsee bei Usedom ist ja sehr schön.
Mir reicht aber das Noor.

nicht schlecht, weil genügend Passagiere Interesse an mir hatten (bloß aufpassen, dass ich nicht in Polen geklaut werde). In Swinemünde blieben wir an Bord, weil der Aufenthalt sehr kurz ist, und gepinkelt hatte ich heimlich schon, also blieb ich ganz friedlich. Mein neuer Freund sagte zu mir: »Siehst Du, Max, jetzt bist Du in Polen und heißt nun Zloty.« Er streichelte mich.

Am Tag darauf hatte mein Freund wieder etwas mit uns vor. Er besitzt ein recht großes Auto, seine Frau brauchte es an dem Tag nicht. Also saß ich vorne auf der Beifahrerseite, benahm mich sehr anständig, weil wir oft hielten und ich laufen konnte. Ganz Usedom wurde uns gezeigt. Zum Mittag landeten wir in einem uralten Fischerdorf und aßen Fisch. Mir hatte man die blöden kleinen Welpenkuchen mitgenommen. Kann ich später noch essen, jetzt ist Fisch angesagt. Von der Landschaft waren wir sehr begeistert. Wie ich schon sagte, ist mein Freund hier geboren und aufgewachsen, kennt jeden Winkel. Wälder mit Pilzen, Geruch nach Hasen.

Einen Ärger hatte ich jeden Tag. Ich saute mich am Strand immer so ein. Nasser Sand, so weit das Fell reicht. Ich sehe ja ein, dass ich so nicht in die Kuschelecke darf, oder die nächtlichen Hüpfer auf das Bett machen kann, was übrigens eine sehr gemütliche Sache ist in der Mitte, rechts und links meine Leute. Sie störten sich nur daran, wenn ich Geräusche wahrnahm und bellte. Aber schließlich ist das Hotel zurzeit mein Zuhause. Ist doch klar, dass ich dann den großen, reißenden Wachhund *Bello* spiele mit ganz tiefer Stimme. Keiner sieht, dass ich nur ein kleiner Wicht bin.

Die Strandwanderungen machten Spaß. Endlose Läufe, Wühlen in Algen und stinkenden Kadavern. Nur das Wasser war mir nicht geheuer. Es war mein erster Besuch an der See. Haushohe Wellen für meine Verhältnisse.

Ehrlich gesagt: Ich hatte Angst. Es half kein Hätscheln und Tätscheln, ich blieb stur. Und dafür bin ich ja bekannt. Die Hunde am Strand waren alle lieb und nett und tobten rum und rannten ins Wasser, schwammen. Kann ich natürlich auch, muss es nicht gleich zeigen. Um meine Leute nicht zu verärgern, hielt ich mich immer in den großen Pfützen auf. Zufrieden?

Man hatte mich entleint, ich konnte in Ruhe schnuppern. Manchmal gehe ich achtlos an einer Duftnote vorbei. Bin ich dann einige Meter weiter und der Geruch haftet noch, laufe ich einfach wieder zurück. Finde ich nicht gleich die Stelle, suche ich endlos weiter. Die Entfernung wird immer größer, meine Leute geraten in Panik. Rufen nützt nichts, ich bin sehr eigensinnig. In diesem Fall am Strand von Heringsdorf war ich ganz schön weit weg und bearbeitete jetzt gründlich die gesuchte Stelle. Sie fanden mich, beschimpften mich maßlos übertrieben. Aber wie gesagt: Ich habe ein dickes Fell. Beim Essen an der Promenade hielten sie mich dann sehr kurz an der Leine unter dem Tisch. Trotzdem bekam ich einige leckere Fischbrocken.

Am letzten Morgen nahm die Bedienung mich einmal in die Arme, ebenso die Wehrmanns. Sie küsste mich wieder. Dann stiegen wir ins Auto ohne Dach, winkten, fuhren los. Während der Fahrt verhielt ich mich sehr ruhig und schlief die meiste Zeit. Für die waren die vier Tage wohl Erholung, ich war geschafft. Renn Du mal mit den Stummelbeinen diese Strecken durch den Sand.

Kurz nach der Reise hatte meine große Schwester Geburtstag. Natürlich wäre ich bereit gewesen, ein Geschenk zu machen, wenn man mir Taschengeld geben würde. So grübelte ich und kam zu dem Schluss, dass man auch ohne Geld und nur mit Charme Freude bereiten kann. Ich schrieb ein Gedicht und klebte einige meiner vorteilhaften Bilder auf das Blatt. Hier das Gedicht:

Zum Geburtstag

Ich bin der kleine Bruder Paul,
der wollte Dir auch gratulieren.
Ich bin sonst immer ziemlich faul,
doch heute wollte ich agieren.

Ich werde mit den Tellern flitzen
und Gläser füllen voll.
Ich kümmere mich um Deine Miezen,
denn flirten kann ich ganz, ganz toll.

Auch lass ich mich heut morgen bürsten
und kämmen, dass die Haare fliegen.
Man hält mic dann für einen Fürsten,
die Weiber mir zu Füßen liegen.

Der Mittelpunkt sollst Du heut' sein?
Ich werde Dir die Show (nicht) stehlen.
Zwar bin ich gegen Dich recht klein,
doch Streicheleien werd' *ich* mehr zählen.

Boltenhagen

...

*I*ch war schon ganz aufgeregt und saß auf der Treppe am Fenster. Dann kam sie. Es war wieder der Wagen ohne Dach. Die Sonne schien, ich war vorher meiner Wege im Garten gegangen, denn ich wusste, das Bein kann erst auf einem Rastplatz gehoben werden.

Die Fahrt war aber so kurz, wir hielten gar nicht an. Ob es nicht nach Usedom geht? Aber die Luft riecht doch auch so, und da ist auch wieder das große Wasser mit den Wellen, die mich immer ärgern und verschlingen möchten. Dann sagten sie: »Max, wir sind jetzt in Boltenhagen an der Ostsee. Du kannst wieder im Sand laufen und baden.« Na, was da wohl wieder auf mich zukommt. Als sie das mit Boltenhagen sagten, dachte ich schon, es ist wieder so wie mit Polen (und jetzt heißt Du Zloty) und sie sagen: Und jetzt heißt Du Bolti. Kam aber nicht. Dann parkten sie das Auto an der Promenade, machten das Dach rüber und gingen mit mir in ein Gartenlokal. Wurde auch Zeit, ich hatte Durst. Danach gingen sie an der Leine mit mir den Deich entlang und begeisterten sich an der Ostsee. Ich roch Hasen und merkte schon, dass man hier nicht gerade hundefreundlich ist. Immer Leine. Muss wohl gleich mit ,ner Bockrolle reagieren. Bockrolle heißt, dass ich einfach stehen bleibe und bocke. Sie können noch so viel reißen, ich bleibe stehen. Manchmal komme ich auf den Arm, manchmal sagen sie einfach, dass sie mir die Ohren abschneiden, wenn ich nicht gehen will. Über meinen Charakter hatte ich doch schon im Vorwort berichtet, oder? Jedenfalls konnte ich mir keine Hoffnungen machen auf Hasenjagd. Dann bezogen wir das Hotel. Sie hatten sich wohl ein bestimmtes Zimmer ausgesucht und auch bekommen. Was für ein gefährlicher Balkon. Hier kann ich durch das Gitter am Ende fallen. Absolut hundefeindlich für meine Größe. Dabei muss ich ständig raus, um die See zu beobachten und die Übersicht über den Park zu haben. Hier werden die Hunde ausgeführt (Leine), die auch hier wohnen. Ich muss mal mit Willy sprechen über das Leinenproblem. Er wohnt ein paar Zimmer vor uns. Willy ist ein Kollege. Kollegen sind nur West-Highlander. Er lauert immer hinter der Tür, und wenn ich mich leise heranschleiche und lautlos schnuppere, riecht er den Braten und macht Krach. Macht mir Spaß. Willy gehört zu den Anderen. Anton, ein Kollege in Hamburg, ist ein Anderer. Das hat sein Frauchen uns gesagt. Andere sind aggressiv und giftig. Beißen sogar. Ärgern sich über jeden Dreck. Ich bin von der friedlichen Sorte. Aha, jetzt stellen sie einen Papierkorb in die Balkonecke zur Sicherheit. Sie sind immer sehr besorgt um mich. „Sie" sind meine Schwestern. Nein, nicht richtig, sind ja keine Hunde. Bei der Renate wohne ich, die Angela kommt mich oft besuchen. Wir verstehen uns sehr gut. Richtig wohne ich natürlich bei meinem Frauchen, im gleichen Haus mit der Renate. Und dann haben wir noch den Wolfgang, mit dem ich auf Usedom war. Er muss arbeiten. Als ich von meinen Eltern getrennt wurde, waren sie alle mit.

Ich belief jetzt erst einmal die beiden Zimmer. Am Fenster werde ich immer hinter der Gardine stehen und rüber zum Restaurant sehen, wenn sie da essen. Sie sagen natürlich, sie gehen einkaufen. Wegen dieser Lügen drehe ich dann immer den Kopf zur Seite und tue traurig. Bin ich auch, weil sie lügen.

Dann gibt es noch zwei Sessel und ein Sofa mit Kissen. Die Auswahl ist also groß. Das Schlafzimmer hat zwei Betten. Die werde ich selbstverständlich nachts beide heimsuchen.

Nachdem sie ihre Klamotten im Schrank verstaut haben und meine Essecke eingerichtet, kommt der Spaziergang die Promenade entlang. Sie trinken natürlich in der Sonne ein Bier, kaufen Rotwein für den Abend. Danach erforschen sie die Steilküste. Die ist so hoch, dass wohl Hunderte meiner Größe übereinander stehen müssten, um raufzukommen. Angst habe ich nicht. Zum Abendessen landen wir wieder, wie am Mittag, im Deichgrafen. Räucheraal und Bratkartoffeln. Es fällt etwas für mich ab. Im Hotel gehe ich wieder auf den Balkon, um die Lage zu peilen. Donner, Blitz, Sturm und Regen. Was stört das einen mutigen Hund?

*A*m nächsten Tag fahren wir mit dem Auto spazieren. Ist wohl so üblich, machte der alte Wehrmann mit uns auch auf Usedom. Das Schloss Bothmer interessiert mich nicht, aber der große Garten und Park. Hier möchte ich Herrenhund sein. Auf der Halbinsel Poel gefällt es mir auch gut. Von Wismar bekam ich nichts mit, weil ich auf dem Boden lag. War ihnen wohl zu dreckig für den Schoss. Rücksitze hat das Auto ja nicht. Aber vorher im Hafen, als sie die Yachten anguckten, war ich so wütend, dass ich mich vergaß und etwas hinterließ. Die beiden räumten es weg. Sie fuhren dann nach Kühlungsborn und aßen mal wieder Räucheraal und Bratkartoffeln. Nachdem ich meine Kringel bekommen hatte, anständig Wasser getankt hatte, tummelte ich mich im Lokal mit einem Freund rum. Kühlungsborn wird wohl wieder vornehm wie früher. Da lege ich dann ein anderes Halsband an. Zurück in Boltenhagen (nicht Bolti) werden wieder neue

Hier sitze ich gerne, wenn ich auf jemanden warte.
Heute soll es nach Boltenhagen gehen.
Das blaue Auto wird gleich kommen.

Sie steckt wohl wieder im Stau.

Im Hotel sagen sie immer, sie gehen einkaufen.
Dabei weiß ich genau, dass sie da drüben frühstücken.

Ich zahle für meinen Aufenthalt,
also gehört ein Platz im Bett mir.

Wege erkundet. Fixe Wildnis, ich darf auch mal von der blöden Leine. Den Hundestrand haben wir gefunden, aber dahinter ist Schluss, Stacheldraht.

Das Abendessen wird in der Vorderreihe draußen eingenommen. Ich habe sehr viel zu tun, tausend Hunde laufen vorbei.

Am nächsten Tag regnet es erst, dann wird es gut, wir fahren mit dem Rad. Für mich ist natürlich ein Korb installiert, ich sitze sehr stolz und glücklich drin. Heute keine Bockrolle. Ohren bleiben dran. Gefährlich ist das Fahren hier, es gibt keine Radwege, und die Autos rasen. Wir finden eine wunderschöne Bucht, ich kann in das seichte Wasser. Natürlich vorsichtig mit den Pfoten. Die Mücken vertreiben uns bald, ich muss niesen wegen der Gräser. Beim Mittagessen höre ich sie fluchen. Forelle sei eine Frechheit, ich dachte Fisch. Lokal gestorben. Und da es sich so eingeregnet hat, was mich nicht stört, beladen sie sich wieder aus dem Supermarkt mit Wein und Käse und Frikadellen.

Nachdem man mich überflüssiger Weise wieder in die Wanne setzte, konnte ich anschließend wenigstens überall lümmeln. So ein Sofa mit Kissen hat was. Sie haben ja jeder einen Sessel. Ab und zu muss ich zum Fenster und Töne verteilen.

Als ich so vor mich hindösend am nächsten Morgen am Fenster stehe, packen sie schon wieder ihre Klamotten. Später kann ich sie wieder vom Fenster aus im Restaurant frühstücken sehen, ich labe mich an meinen wunderschönen Kringeln und Wasser. Sehr gesund für jeden Hund. Dann werde ich aber doch etwas aufgeregt, es geht wieder auf die Pirsch. Sie haben so schwarze Ledertaschen, die genau in dieses Auto hinten passen. Kein Gramm mehr. Wenn sie nicht so angeben wollten, hätten sie ja mit dem Hoppel fahren können. Der hat Ladefläche. Und nun hocke ich wieder auf dem Boden. Soll sie doch sehen, wo ihre Füße bleiben, ich will schlafen. Wir fahren noch zu Uwe, dem Fischfritzen und kaufen Räucherfisch, den ich dem Wolfgang mitbringen möchte. Man bringt Freunden immer etwas mit.

Ein Jahr später sitze ich wieder am Fenster auf der Treppe, als sie mit dem *Hoppel* aus Rissen kommt. Der hat ein Dach und viel Platz, hoppelt aber. Als sie mit diesem kam, ahnte ich schon, dass das Gepäck umfangreicher ist. Auch mein eigener Fahrradkorb wurde eingeladen. Dieses Mal wollen sie in Wismar Mittag essen im *Alten Schweden*. Hat man ihnen empfohlen. Ich will nur sagen, ihre Kommentare waren wie letztes Jahr in Boltenhagen bei der Forelle. Scheint wieder kein Frischfisch zu sein. Mich störte im Gegensatz zu ihnen nicht, dass es so lange dauerte. Hier unter den Tischen – wir saßen draußen – lungerten genügend Hunde. Man glotzte sich an.

Dann fuhren wir zum Hotel. Es wiederholte sich erst einmal alles. Nein, nicht alles. Als wir den Fahrstuhl mit der Spiegelwand betraten, blickte ich gleich zur Seite. Das passiert mir doch nicht wieder, was im letzten Jahr geschah. Da stieg ich ein und rechnete nicht mit dem Spiegel und sah einen Kollegen, der genau mein bildhübsches Aussehen hatte. Natürlich fing ich gleich in tiefster und lautester Art mit Knurren und Bellen an. Ich bemerkte schnell den Irrtum und wurde wohl sehr verlegen.

Gleiche Zimmer; so dass ich mich gleich häuslich einrichten konnte. Blick auf den Park, andere Hunde. Wir gehen aus dem Hintereingang raus, am Haus entlang nach vorne. Was sehe ich da: Auf der Hotelterrasse wird ein Kollege gebürstet, was das Zeug hält. Mir graust es. Diese Prozedur muss ich jeden Morgen über mich ergehen lassen. Wenn da nicht immer eine Belohnung wäre, ich würde abhauen. Hab auch schon gebissen, weil sie mir

Wenn es draußen stürmt und schneit,
roll ich mich in Kissen ein.
Bin zu keiner Tat bereit,
und das Sofa ist jetzt mein.

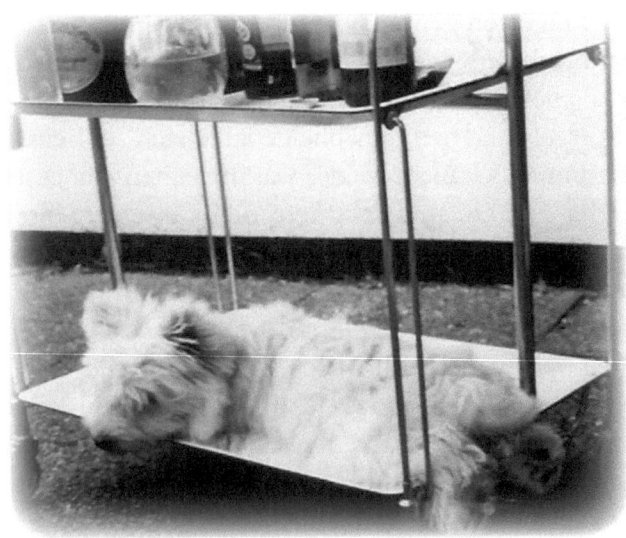

Als Welpe hier mein Stammplatz war.
Man rollte mich auf die Terrasse.
Ich war dabei, unmittelbar.
Das Leben ist als Hund ganz Klasse.

Ich liebe Schränke,
schlafe drin.
Gemütlicher als harte Bänke;
hier drin ich richtig glücklich bin.

büschelweise Haare rausriss. Waren angeblich geklumpt. Aber dieser Kollege steht da andächtig. Ich frage ihn, ob ihm das gefällt, merke zu spät, dass es ein *Anderer* ist. Er heißt Moritz und reagiert aggressiv. Daraus habe ich gelernt, dass die *Anderen*, im Gegensatz zu uns, sich gerne bürsten lassen.

Wir machten aufregende Fahrten per Fahrrad durch die Wildnis. Wieder die romantische Bucht, die Mücken hielten sich in Grenzen, ich durfte hier unten ohne Leine laufen, sie mussten schieben, das Dickicht wurde immer unangenehmer. Ich musste nicht mit den Ästen so kämpfen wie die beiden mit den Fahrrädern. Mühsam arbeiteten wir uns dann die Steilküste durch das Buschwerk hoch, landeten am Rande der Felder. Als ich gerade Freudenschreie ausstoßen wollte, kam die Leine. Was hatte ich nun den endlos langen Feldweg entlang, von den Düften rundherum.

Am Tag danach hielten wir uns komischer Weise länger im Hotel auf. Natürlich brauchte ich nicht auf den Spaziergang am Morgen zu verzichten. Den machte übrigens immer die Angela mit mir, die Renate wartete dann (wahrscheinlich immer voller Angst, dass die Angela mich verschlampt) am Fenster. Wir hatten so einen bestimmten Weg, an dem ich auch lose laufen konnte. Auch mit Hunden hatte ich Kontakt. Die wohnen hier so als Mischlinge der ruhigen Art. Machte am Morgen immer wieder Spaß. Jedenfalls meinte sie dann, ich wäre doch ein sehr kleiner Hund, von oben betrachtet. Klein rein äußerlich schon, dafür sehr viel im Kopf.

Wir hielten uns also im Zimmer auf, als das Telefon klingelte. Dann passierte lange Zeit nichts. Endlich gingen sie auf den Flur, und da sah ich ihn. Mein geliebter Wolfgang kam den Gang entlang. Ich schrie und bellte fürchterlich vor Freude. Endlich nicht nur die Weiber.

Er hatte mit mir angeben wollen, die beiden hatten es nicht begriffen. Er wollte, dass ich runterkomme in die Lobby und ihn dort in meiner Art begrüße. Nun war er enttäuscht. Ich dankte es ihm aber des Nachts, indem ich die ganze Zeit bei ihm am Fußende lag. Mein Sofa, wie ich jetzt erst merkte, war eigentlich ein Bett, wir verbrachten zwei gemütliche Nächte.

Es wurde alles etwas anders mit seiner Ankunft. Hatten die beiden auch immer mal ein Bier unterwegs getrunken, gab es jetzt richtige Frühschoppen, zwischendurch an der Promenade Bratwurst. Wolfgang versteht mich sehr gut, seine Hand landete nie leer unter dem Tisch. Ich ließ mich auch nur von ihm führen. Um die Bockrolle kam aber auch er nicht herum. Wenn ich nicht will, dann will ich nicht. Auch der Trick: Komm, da ist eine Katze, zieht nicht. Aber der Wolfgang ist ein sehr geduldiger Mensch. Die beiden Weiber (so nenne ich sie in Wolfgangs Gegenwart) waren schon nicht mehr zu sehen, da ließ er mich noch geduldig bocken. Erst wenn die Renate dann leicht zornig zurückkam , musste sie mich tragen. Die Promenade ist sehr lang. Als ich mit den Weibern alleine hier war, mussten sie mich mal abwechselnd die drei km tragen. War gemütlich. Jetzt haben sie eine Tragetasche, die es extra für Bockrollenhunde gibt, gekauft.

Mit dem Wolfgang gingen wir auch sofort an den Hundestrand. Das Wetter war sehr gut geworden. Das Wasser war abgehauen, oder wie man das nennt. Es waren nur noch so Seen wie in Heringsdorf. Und dann waren da zwei sehr wilde Dalmatiner. Die haben so lange Beine, dass ich drunter passe. Und nun kommt das Ereignis. Nie in meinem Hundeleben hätte ich mich vor diesen Burschen blamieren wollen. Sie sprangen durch das Wasser wie Pferde, ich hinterher. Wo sie drei Sätze machten, brauchte ich 1 000 Schritte. Ich versuchte es in allen Gangarten,

... *als kleiner Ballonfahrer.*

... *so lasse ich mich tragen.*

... tägliche Fahrt als Einkäufer.

... Einkäufe kontrollieren (könnte auch als Löwe durchgehen).

immer hatte ich Mühe, sie zu erreichen. Sie liefen sogar zum offenen Wasser, ich hinterher. Wolfgang und Angela waren bei mir , was konnte da schon passieren. Ich träumte diese Nacht von diesem Ereignis und lief noch im Schlaf mit den Dalmatinern:

Mein erstes Bad im Meer mit vier Jahren!!!

Bald musste ich mich wieder von meinem Freund verabschieden. Der Wolfgang musste einen Tag früher wieder zurück. Ich mag keine Verabschiedungen. Ich gebe mich dann immer desinteressiert. Wir brachten ihn zum Auto runter. Ach, er hatte jetzt den Wagen ohne Dach. Mitgebracht hatte er meinen Freund, den ich von Rissen her kenne. Er ist größer als ich, schläft auch in den Betten, ist allerdings aus Plüsch und ein Teddy. Jetzt durfte er angeschnallt auf dem Beifahrersitz mitfahren. Er ist immer dabei, auch wenn die beiden bei mir zu Hause zur Nacht bleiben. Können sich wohl keinen Hund leisten.

Ausflüge hatten wir auch wieder gemacht. Wir hatten im vorigen Jahr eine Familie kennen gelernt, die ein Haus für die Ferien – direkt am wilden Strand – gemietet hatten. Der große Hund hatte mir gesagt, ich solle mal zum Toben hinkommen. Hatte sich nicht ergeben. Jetzt gingen wir hin und stellten fest, dass der Strand sehr steinig ist. Diese Steine, die wir immer sammeln für den Garten. Es war mir unmöglich, mit diesen kurzen Beinen da herumzulaufen. Jetzt trafen wir eine Frau mit Hund. Die gab uns den Tipp, mit dem Auto in ein kleines Dorf zu fahren, dort zu parken, dann runter zum Strand. Landschaftlich hübsch, ich ohne Leine, da ich sowieso hier nicht ins Wasser gehen würde. Das war es gar nicht. Stinkender Seetang, Unrat, total versaute Gegend. Nicht mal eine Sau hätte es ausgehalten. Uns blieben wieder nur die Feldwege. Erholen konnte ich mich gut, aber abgenommen hatte ich bei den Strapazen. So ein normaler Gang durch den Sand kostet schon sehr viel Energie. Und dann hatten wir gedacht, dass man am Abend am Ufer entlang laufen darf, gleich kam die Aufsicht. Ich glaube, es gibt hundefreundlichere Urlaubsziele. Ich werde mal mit den beiden reden.

Wir fuhren bei miesem Wetter über den Priwall und Travemünde zurück, machten noch, weil ich da noch nie war, am Brodtnerufer einen Spaziergang. In Hamburg gingen wir noch in die Ratsmühle am Alsternebenarm essen. Zu Hause musste ich mich dann schon wieder verabschieden, weil der Hoppel weiter nach Rissen fuhr.

Immer wieder
Holland

...

*I*m Jahr 2000 haben sich meine Schwestern eine Reise für mich an die Nordsee ausgedacht. Da soll der Strand endlos sein und nicht so hundefeindlich. Ich bin gespannt. Nach den Erfahrungen mit dem Mercedes, in den man nur die Zahnbürste reinbekommt, entscheiden sie sich wieder für den Hoppel. Er wird es durchstehen. Ist erst drei Jahre alt, ich bin fünf Jahre auf den Beinen. Ich warte an dem bewussten Morgen wieder auf der Treppe am Fenster. Da kommt er auch schon. Die Sitze sind hinten raus, das Gepäck wird eingeladen. Ich achte sehr darauf, dass meine Näpfe, Decken und Spielzeug gut verstaut werden. Die Bürsten und Kämme haben sie leider nicht vergessen. Und das nennt sich Urlaub! Ich steige vorne ein, lege mich in der angewohnten Stellung zurecht. Der Kopf kommt auf den Tunnel, ein Bein auch. Der Körper verteilt sich dahin, wo eigentlich meine große Schwester ihre Beine hinstellt. Sie verkrümmt sich ganz geschickt. Mal sehen, ob sie das sechs bis sieben Stunden aushält. Ab und zu nimmt sie mich immer auf den Schoss, aber wenn ich alles rundum erkundet habe, will ich wieder liegen. Kurz vor Bremen lassen sie mich raus, ich kann schnuppern und mehr. Sie essen Krabbenbrötchen, weil sie morgens nicht so richtig was hatten. Ich trinke Wasser aus der neuen Hundeflasche. Ein tolles Ding. Ich kann auch während der Fahrt trinken. Der nächste Stopp ist dann an der Grenze, die keine mehr ist. Ich nehme Baum, sie nehmen To. Geld wird auch gewechselt. Angeblich macht die kleinere Schwester das immer hier. Sie war schon sehr oft da, wo wir hinfahren. Immer mit meinem geliebten Wolfgang, auch mal alleine. Daher weiß sie auch, dass das Hotel eine Hundeherberge ist. Sie hat erzählt, da hätte mal ein großer Hund, der morgens zu spät aus dem Zimmer gelassen wurde, in den Fahrstuhl gemacht. Auf den Teppich. Als wir im Jahr 2000 hier ankommen, ist der Teppich wieder sauber. Es gibt nichts mehr zu riechen. Während die kleine Schwester an der Rezeption alles regelt, gehen wir schon mal auf die Promenade. Mann, das ist ja ein Ausblick. So breiter Strand, so viel Wasser, und gar nicht so wild oder dreckig. Es gefällt mir. Gleich einmal Marken setzen. Oh, hier gibt es unendlich viele Hunde, wie ich rieche.

Dann die Suite. Im Schlafzimmer drei Betten. Sie haben also an mich gedacht, ich werde in dem mittleren schlafen. Als ich das Bett ausprobieren will stelle ich fest, dass ich nicht rauf komme. Der Boden ist aus (Kunst-)Holz und glatt. Soll ja praktisch sein wegen der Hunde. Aber ich rutsche weg. Gleich wird eine Lösung gefunden. Man holt aus dem Auto die stumpfe Matte, auf der eben noch die Koffer gelegen haben und somit nicht rutschen konnten. Diese wird vor das Bett gelegt, darauf ein Badelaken. Und nun hopp, rauf geht es. Hier liegt auch schon eine Decke drüber und natürlich mein Seidenkissen. Das ist also okay. In der kleinen Küche stehen auch schon meine beiden Näpfe und der Korb mit Vorräten, Spielzeug und natürlich die Bürsten und Kämme. Sie wollen also wieder mit mir angeben. Sofa und Sessel und was noch zu einem Wohnzimmer gehört, probiere ich auch aus, nur auf den großen Esstisch kann ich nicht sehen. Aber sie werden mir wohl die guten Brocken runterreichen. Sie räumen ihre Sachen ins Bad. Ha, hier gibt es einen Rundgang. Schlafzimmer, Bad, Klo, Flur, Wohnzimmer, Schlafzimmer. Wenn alle Türen auf sind, kann ich die große Runde machen. Aber leise geht das nicht, denn auf dem Fußboden klicken meine Krallen immer rhythmisch.

Der Balkon kann sich auch sehen lassen. Und die Gitterstäbe sind dicht genug, dass sie nicht wieder Sperren basteln müssen. Tisch und Stühle gibt es auch. Sie setzen sich kurz hin und erkunden den Ausblick. Links die See, geradeaus die Dünen, hinten Scheveningen. Man sieht, wenn Kutter oder Yachten raus und rein fahren. Gut, nur sind meine Augen nicht für so weite Entfernungen gedacht, ich höre nur ihr Gespräch. Darum werfe ich einen Blick nach unten vom dritten Stock aus. Handwerker und Lieferanten. Gleich mal melden, dass ich da bin. *Wau, wau.*

Als sie alles verstaut haben und die Sonne immer noch scheint, gehen wir zusammen nach unten, auf die Seeterrasse. Ich halte unter dem Tisch Ausschau nach Kameraden, sie trinken Bier und Genever. Am hellen Tag! Angeblich als Einstand.

Anschließend machen wir den ersten ausgiebigen Spaziergang. Noch nicht am Wasser entlang, Dünenwege. Ich bin ein ganz kleiner Wicht in diesen großen Dünen. Hinter jedem Busch lauert ein Hase. Das ist ja furchtbar, ich an der Leine, die Kerle lachen sich kaputt. Ich will gleich sagen, dass das sich jeden Tag wiederholt. Ich will jagen, sie rennen weg. Vorher sitzen sie immer herausfordernd auf dem Weg, hinterlassen ihre Kugeln. Kaum bin ich da, geht es in die Büsche. Ich habe ja eine lange Leine bekommen. Die ermöglicht mir, wenigstens die ersten Meter hinterher zu jagen. Selbst die Hasenkinder sind schon so listig. Ehrlich gesagt, wenn ich 15 Jahre alt bin, fahre ich hier nicht wieder her. Mein Herz steht diese Aufregungen nicht durch. Meine Kehle wird wund vom Schreien und Bellen, meine Träume sind wild und laut.

Jetzt habe ich eine Woche vor mir, und sie gehen unermüdlich täglich diese Wege mit mir. Da lobe ich mir die Strandgänge. Bis zehn Uhr morgens darf ich frei laufen. Es sollen insgesamt 17 km Strand sein zwischen Scheveningen und Hoek van Holland. Die 5 km bis Scheveningen mache ich mit links, wenn Ebbe ist. Harter Sand. Bei Flut sieht die Lage für mich schwieriger aus. Meine kurzen Beine verschwinden in dem Sand, es kostet Kraft. Und dann kommen auch noch die frechen holländischen Kollegen großen Kalibers und springen nur so durch den Sand. Mit aller Kraft versuche ich, ihnen hinterher zu laufen. Teilweise wollen sie auch wirklich mit mir spielen, es gibt aber auch arrogante Lümmel unter ihnen, die mich ignorieren. Die meisten allerdings haben eine Angewohnheit, die ich gar nicht teilen kann: Sie laufen hinter dem Ball her, den man ihnen ins Wasser wirft und schwimmen weit raus. Mit großer Begeisterung. Es ist bekannt, dass ich nie hinter einem Ball herlaufe. Habe ich nie gemacht, tu ich auch nicht in Holland. Aber ins Wasser gehe ich schon mal. Manchmal vergesse ich bei der Hatz mit Hunden, dass ich schon drin bin und merke dann, dass es eine feine Sache ist. Bis zur dritten Welle schaffe ich es nach den ersten Tagen. Und schmecken tut das Salzwasser auch. Meinen Bauch kühle ich immer, indem ich gemächlich durch die Priele wandere. Also, die Strandläufe gefallen mir sehr gut. Da waren die Ostseetouren nichts dagegen. Hier bin ich freier Hund. Wir laufen auch bei Regen und Sturm. Mich hat der starke Wind doch tatsächlich paar Mal versetzt. Man sollte Windhund sein. Habe aber gehört, die wären nur etwas für Windstille. Komisch.

Egal, wir haben auch noch eine andere Beschäftigung. Wir haben Fahrräder gemietet. Natürlich kommt an eines der mitgebrachte Korb ran. Vorne, damit ich alles übersehen kann. Ein herrliches Gefühl, wenn ich so von oben herunter zu selbst großen Kameraden sagen kann: Na, wie geht es, Kleiner. Es ist urgemütlich im Korb. Während die beiden sich gegen den Wind stemmen, trage ich die Haare nach hinten, so dass meine schwarzen Knopfaugen riesig erscheinen. Ach, sie finden mich dann wieder so goldig. Und es kommt, wie es kommen muss. Ich bekam wieder einen neuen Namen. In Anlehnung an die Prinzen von Holland, nennen sie mich hier Prinzje. Ich weiß nicht, wie man das schreibt, aber ich bin hier der Prinz. Die Landsleute nennen den Kronprinzen, weil er so viel Bier trinkt, „Prinzje Pils". Pils lassen sie bei mir weg, aber Prinzje bleibt. Sollen sie. Sonst werde ich ja auch Mausepaul gerufen. Da liegt noch ein Sinn drin, denn ich wühle gerne in der Erde nach Mäusen. Mausepaul, also. Aber ganz egal wie man mich ruft, ich sagte schon, ich höre nur, wenn ich will.

Die Radtouren am Nachmittag enden immer im Hafen von Scheveningen. Es geht den wunderbaren Weg durch die Dünen. Hier gibt es überhaupt so tolle Radwege überall.

Jedenfalls sahen sie sich auch immer die Yachten an, aber das Ziel waren die Kneipen. Man sitzt draußen und beobachtet das Treiben im Hafen. Kneipe an Kneipe. Wir steigen bei der ersten ab, ich bleibe oben im Korb. Die Leute sitzen einen Meter höher als wir auf der Kaimauer schieben. Ich also in Höhe der Stühle. Und plötzlich sehen mich zwei schwarze Knopfaugen aus dem gleichen Gesicht wie meines an. Muss es doch immer wieder passieren! Erst Oberstdorf, jetzt hier. Sitzend im Polsterstuhl, findet er sich unwiderstehlich, ärgert sich über mich und bellt. Ich belle zurück, stehe im Korb vor Wut. Wollte doch nur fragen, ob er auch Max heißt und aus Hamburg kommt. Da höre ich aber die Leute in der hiesigen Sprache reden und wende mich ab. Ich bin Gast und verhalte mich dementsprechend. Wir sitzen dann immer bei einem „Pilsje", wie man hier sagt und genießen den späten Nachmittag. Es ist hier jeden Tag viel los. Wie in England, geht man auch hier nach dem Büro auf ein Pilsje ins Pub.

Wir machen auch Ausflüge mit dem Auto. Nicht nur zum Supermarkt, auch nach Delft. Da schlagen sie dann wieder zu im Laden für Porzellan. Ich muss aufpassen, dass ich nicht mit dem Schwanz die niedrigen Regale leer fege. Oder wir fahren nach Hoek van Holland. Da kommen ihnen bei der Fähre nach England wieder die Erinnerungen von vor über 30 Jahren. Der einen soll ja auf der Fähre schlecht geworden sein, und übergeben hat sie sich dann in London im St. James-Park. Und die Strumpfhosen hat damals das Zimmermädchen im Grosvenor-Hotel geklaut. Ja, ich kenne alle diese Geschichten. Wenn sie schon immer sagen: Weißt Du noch … dann lege ich mich hin und mache die Augen zu, bis sie fertig sind.

Eine Sache machen wir auch hier jeden Tag: Wir gehen so um 17 Uhr in die Telefonzelle und rufen Frauchen an. Immer ganz kurz, aber man muss ja wissen, ob sie mich vermisst. Wenn ja, ist alles in Ordnung und wir gehen weiter die Promenade entlang und suchen uns bei den vielen Lokalen eines für das Essen aus. Wenn die Sonne warm scheint, sitzen wir draußen. Mann, ist hier viel los. Ob Grieche, Italiener, Chinese, alles ist hier vertreten. Ehrlich gesagt, ich würde jeden Tag in den Pfannkuchenladen gehen. Die Holländer haben was los, was süße Speisen anbetrifft. Es gelingt mir in der einen Woche nur einmal, sie da hin zu locken. Wenn wir mittags essen, sitzen wir immer in der überdachten Ladenpassage. Sie trinken natürlich erst mal Pilsje und Genever, dann essen sie Pilzomelett. Auch ohne Essen gehen sie hier täglich hin. Sie beobachten die Kurgäste und machen ihre Bemerkungen. Sehr schön. Denn vis-à-vis ist ein Modeladen. Und der Besitzer hat einen Hund. Schwarzer Mischling. Ich liege also unter dem Tisch (vor der Tür, wo die Leute gehen, sitzen wir). Dieser Hund meinte am ersten Tag, er ist hier der King der Passage. Er kommt rüber. Ich weiß nicht warum, aber das ärgerte mich. Und das blieb bis Ende der Reise. Ich bellte ihn keifend an, er verzog sich. An den nächsten Tagen blickte er nur immer aus dem Laden rüber, kam nie wieder. Andere Hunde, die nur vorbei gingen, wurden von mir normal begrüßt. Aber ihn mochte ich nun mal nicht.

Wenn wir am Abend nicht im Lokal waren, saßen die beiden am großen Tisch und verspeisten edle Sachen. Es fiel immer etwas für mich ab, weil Urlaub ist, und weil ich durch die täglichen Strapazen sicher enorm abgenommen habe. Salzwasser zehrt, Strandwandern kostet sehr viel Kraft, Radfahren Konzentration.

Die Woche war sehr schnell rum, es wurde wieder gepackt. Geschlafen habe ich immer sehr gut; ich war jeden Abend kaputt. Zwar hatte ich ein Bett für mich, wanderte aber nachts von der einen zu der anderen. Sauber war ich immer. Nach der letzten Hatz am Abend kam ich regelmäßig in die Wanne.

Bilder gibt es von diesem Urlaub nicht, weil ein Film von mir gedreht wurde. 60 Minuten Prinzje in Holland. Zu Hause haben sie sich das Video angesehen. Schon mehrmals. Bei ersten Mal saß ich vor dem Apparat und erlebte mich in voller Größe. Ich habe mich genau erkannt und konzentriert zugesehen. Den Rex im Fernsehen sehe ich auch immer.

So, das war die erste Reise nach Holland. Wir fahren wieder hin. Wir haben schon für zwei Wochen gebucht.

Ich hatte etwas vergessen ...

Da war ich so froh, als ich endlich den letzten Bericht mühsam getippt hatte, da höre ich auch schon wieder unzufriedene Stimmen: »Er hat den Besuch im Speicher vergessen«. Nun muss ich kleiner Hund wieder ran. Seit Tagen sitze ich im Wohnzimmer, sehe in den Garten raus und grüble. Dann wechsele ich den Platz, springe auf das Sofa, baue mir mit den Kissen gemütliche Stellen, grüble weiter. Ich will ja nicht als vergesslicher Rüde rumlaufen, also ran an den Feind, ich schreibe noch 'ne Seite.

Es war so, dass sie immer an dem Speicher am Hafen vorbeifuhren, wenn sie zur Brauerei mussten. Und das war bekanntlich sehr oft. Eines Tages dann hielten sie dort an. Uralter Kram wird da verkauft. Finstere Löwen mit ihren blinden Augen, Möbel, die andere Leute nicht mehr brauchten als die Oma starb, oder Mitbringsel aus Asien, die keiner wollte. So sehe ich das mit meinen etwas trüben Augen. Aber sie waren begeistert und gingen mit mir rein. Ich sehe doch gleich, dass es da genügend Stellen gibt, an die ich meinen Stempel setzen kann. Vielleicht gleich bei dem blinden Löwen. Ich will schon ansetzen: Hinterbein (rechtes oder linkes, ich bin da flexibel) hoch, Vorderpfote in die Luft, so weit es das Gleichgewicht zulässt. Da werde ich doch gleich wieder gezerrt und hochgehoben. Nun muss sie mich tragen. Das wird ihr schon den Spaß verderben. Lass man erst mal die Arme absterben. Ich wiege gute acht Kilo. Nein, es ist ja an einem der letzten Tage, also nur noch 7,5 kg. Auf jeden Fall mache ich es mir da oben sehr bequem und kann auch viel besser von hier oben sehen. Plüschsofas zum Beispiel. Ich hätte gerne den Vorschlag gemacht, sie sollen mich auf eines legen, von den vielen bunten und altertümlichen Kissen paar drauf, und dann hätten sie ja ihre Runde machen können. Aber nein, es geht durch alle Räume und Gänge, sie stöhnt schon. Ihr Gejammere wird noch heftiger, als es die steile Treppe in den ersten Stock geht. Runter noch viel schlimmer. Bei Treppen in öffentlichen Gebäuden werde ich allerdings immer getragen, weil ich fallen oder bei Rolltreppen eingeklemmt werden könnte. Aber als sie dann voller Begeisterung so olle Hocker, so mit Leder bespannt, entdecken und ewig stehen bleiben, könnten sie mich ja mal absetzen. Aber nein, ich könnte ja das Bein heben. Sie stellen fest, dass bei mir zu Hause die Sessel das gleiche Leder haben. Also würden die Hocker sehr gut dazu passen. Nein, ich merke, dass der Geiz sie abhält. Es geht hin und her, hin und her. Geiz siegt, wir gehen raus, ich werde sofort abgesetzt und hebe aus Trotz mein Bein die nächsten Minuten nicht.

Wo geht es jetzt hin? Natürlich auf die Terrasse der Brauerei. Es wird Bier getrunken, ich bekomme wieder meine Wasserschale. Und die Diskussion über den Nichtkauf geht weiter. Ich höre es bis zum Fußboden in meiner Liegestellung. Eigentlich wollte ich entspannt nach Kollegen gucken, es kam keiner vorbei, also musste ich das Palaver anhören. Sie fuhren dann ins Hotel. Im Auto ging es wieder los. Sollen wir, hätten wir, und so weiter. Scheinbar war der Preis zu hoch, nicht die Hocker. Also ich hätte schön unter ihnen liegen können. Was soll man machen, von Geld verstehe ich nichts, bekomme kein Taschengeld, ich kann nicht einschreiten.

Das Ende der Geschichte: Wir kamen dort nicht mehr hin, es muss wohl doch der letzte Tag gewesen sein. Schon auf der Fahrt nach Hamburg redeten sie wieder von den Hockern. Hoffentlich sind sie im nächsten Jahr noch da, meinten Sie. Und noch in diesen Tagen vor Weihnachten sagen sie, dass sie unbedingt die Hocker im nächsten Jahr kaufen wollen und haben Angst, dass sie dann weg sind. Das kommt davon. Hätten wir doch, ganz bestimmt wieder dort hin. Dann führt der erste Weg am Hafen nicht in die Brauerei, sondern in den Speicher. Ich warte schon drauf.

Ein Jahr später

...

Es ist wieder so weit, und es ist nicht zu überhören. Meine beiden Schwestern reden und wuseln schon länger sehr auffällig. Da wird in die Garage gegangen und nach dem Fahrradwerkzeug gesehen, oder im Keller nach Regenmänteln gesucht. Regenmäntel kann ich nicht verstehen, ich laufe doch auch mit unverkleidetem Pelz durch den Regen. Herrlich, wenn dann der Sand drin kleben bleibt. Werkzeug sehe ich ja ein. Im letzten Jahr hatten wir so unsere Schwierigkeiten mit den Leihrädern. Just da, wo mein Korb vorne ran kommt, sitzt in Holland die Lampe. Zu Hause nicht, aber dort, und wir hatten kein Werkzeug mit. Deshalb suchen sie ja auch in der Garage. Dabei fanden sie auch die Abschließkette, aber keine Schlüssel. Sie mussten noch schnell zu Mr. Mint fahren, die dicke Frau fräste das Schloss auf. Sie kauften ein neues. Liegt jetzt alles im Auto. Am letzten Tag vor der Abreise kam dann die ganze Sippe. Mein Cousin Rieko, der mir am liebsten ist, weil er ein großer Hund ist. Aber er kann leider nicht mit mir toben, weil er solche Schmerzen hat. Rieko bleibt in unserem Haus und pflegt mein Frauchen. Das wird wohl aber sein Frauchen machen, weil Rieko ja nicht mehr Treppen steigen und keine Kaffeekanne tragen kann. Sie bleiben also die zwei Wochen in meinem Haus. An den Wochenenden kommt auch Riekos Herrchen, so wie heute. War sehr schön. Rieko schlief unten wegen der Treppen, und ich konnte in den Betten bei den beiden schlafen. Sie haben mich nicht rausgeworfen. Dafür hat der große Rieko mir meine Belohnung für das widerliche Bürsten am Morgen weggenommen, lag auf dem Tisch, den er bei seiner Größe spielend erreicht. Na ja, er darf es. Am Morgen ging es endlich los. Nach zwei Minuten war alles Gepäck verstaut und ich vorne drin. Und was soll ich sagen, ich fand endlich in diesem neuen Auto die richtige Liegestellung. Das kommt nicht von dem Kissen und meiner Decke, nein, ich hatte doch eine schlimme Woche hinter mir. Mein Herz wurde geultraschallt. Eine Stunde lag ich auf dem Tisch, angeschlossen an EKG-Klemmen, unter den Achseln rasiert, damit man an das Herz ran kommt. Mein Fell ist so dick. Deshalb konnte der Blutdruck nicht gemessen werden. Meine Vorderbeine sind zu dick bepelzt. Jedenfalls war mir das ganze nach kurzer Zeit zu langweilig; ich wollte runter vom Tisch. Die Ärztin gab mir daraufhin ein wohlschmeckendes Mittel ein. Und nach zehn Minuten wurde ich müde. Sehr müde. Ich ließ mir alles gefallen. Als wir aber fertig waren, konnte ich nicht mehr laufen. Ich schlief beim Gehen ein. Und das ist auch der Grund, warum ich im Auto eine Liegestellung fand. Bei der Fahrt nach Holland fiel es mir wieder ein. Herrlich bequem ist das große Auto, in dem ich bisher nur gesessen hatte. Die Fahrt war angenehm, weil sie oft anhielten und mit mir eine Runde drehten. Ich bekam auch Schinken zum Mittag (ausnahmsweise, weil ich ja zwei Tage vorher nichts essen konnte wegen der ewigen Pennerei) und Wasser aus der Superhundeflasche. Alles schön und gut, aber keiner hatte damit gerechnet, dass ich den Ort sofort wieder erkannte. Wollte gleich zu den Hasen in die Dünen laufen.

Die unangenehme Leine hinderte mich. Hoffentlich haben sie hinter meinem Rücken nicht gelacht. Natürlich kehrten wir auch gleich wieder ein. Der gleiche Platz vis-à-vis von dem Modeladen. Hatte doch sofort meinen Rivalen erwartet, der war aber nicht da. Lebt vielleicht nicht mehr. Trotzdem werde ich täglich testen. Dafür liefen jede Menge andere Kollegen dort rum. Ich spielte heute mal den Desinteressierten und sah meistens zur Seite, wenn einer Interesse für mir zeigte. Machte mir Spaß. Als alles in den Schränken war, fuhren wir gleich mal wieder zum Hafen in Scheveningen. Sie tranken schon wieder Bier, ich lag unter dem Tisch auf der Terrasse. Kein Ausblick. Drei Tische weiter lag ein großer Kollege und pennte. Er wollte mich einfach nicht wahrhaben. Ich knurrte ständig tief wie ein Löwe, versuchte es mit bellen. Kein Erfolg. Wir gingen dann auch bald, weil den beiden der Hintern kalt wurde. Eines machte mir heute am Nachmittag großes Kopfzerbrechen. Jeder hat ein Zimmer, aber ich kann nur auf dem Balkon rübersehen. Deshalb war ich sehr unruhig und überlegte nervös, wo die Andere wohl geblieben ist. Schnallte das mit den getrennten Zimmern nicht. Zu Hause kann man von einem zum anderen gehen durch eine Tür. Hier scheinbar nicht. Ach ja, an der Rezeption hatte ich die Reklamation schon gehört. Stimmt ja, sie wollten Zimmer mit Verbindungstür haben. Dann hätte ich doch nachts so schön hin und her gehen können. Jetzt verlange ich, dass die eine sich immer verabschiedet, wenn sie in ihr Zimmer geht. Dann weiß ich, sie ist weg. Morgens muss sie mich dann begrüßen wie sonst immer, wenn sie aus Rissen kommt.

*D*a ich hier im Hotel pro Nacht HFL 20,00 zahlen muss, verlange ich auch guten Service. Herzliche Begrüßungen, eigenes Bett. Vom Balkon aus habe ich einen ausgezeichneten Überblick auf den Platz davor. Kein Hund entgeht mir hier vom dritten Stock aus. Wenn ich belle, können sie den Hersteller nicht orten. Mit solchen Späßen verbringe ich die Zeit. Oder ich verstecke mich

Hallo Hasen, ich bin wieder daha!

Kommt raus, ihr feigen Lümmel!

Die Kerle ärgern mich, ich rege mich sehr auf.
War gut, dass wir vor der Reise noch beim Kardiologen waren.
Ohne Leine hätte ich große Erfolge zu verzeichnen, glaubt mir.
Das beruhigt mich. Ich würde in die Höhlen eindringen und mit
etwas anderem Aussehen wieder raus kommen. Etwa so:

hinter der Gardine, und sie suchen nach ihrer Heimkehr wie wild und voller Angst nach mir.

Ja, der erste Tag war dann auch bald rum, wir waren auch hundemüde. Trotzdem ging ich zum Abschluss noch auf »Hasenjagd« (wenn bloß die hinderliche Leine nicht wäre!). Die Kerle ärgern mich, ich rege mich sehr auf. War gut, dass wir vor der Reise noch beim Kardiologen waren. Ohne Leine hätte ich große Erfolge zu verzeichnen, glaubt mir. Das beruhigt mich. Ich würde in die Höhlen eindringen und mit etwas anderem Aussehen wieder rauskommen.

Am nächsten Tag waren sie mit dem Wetter nicht so zufrieden. Was stört mich Nieselregen. Es blieb bei dem Rundgang durch die Dünen. Herrliche Luft und voller interessanter Gerüche. Und Hunde! Hier hat wohl jeder einen Hund, oder auch zwei oder drei. Am Morgen trifft man sich dann in den Dünen, später am Strand. Nach vielen Begrüßungen und noch mehr Regen, sprang ich ins Auto. Die Fahrt ging nach Rotterdam. Sie nennen das kulturelles Programm, ich sage, Schnupperkurs. Sie scheinen von der »avantgardistischen Architektur«, wie sie die so genannten Baumhäuser und andere neue Werke nennen, nicht so ganz begeistert zu sein. Als dann am alten Hafen auch keine Kneipe aufgesucht wurde, weil es noch zu früh war, zeigte ich deutlich, dass ich mich langweilte. Sie spurten. Die Fahrt ging mittags nach Delft. Von Gracht zu Gracht arbeiteten sie sich zum Marktplatz vor. Kannte ich schon, sie auch, aber sie fahren immer wieder hin. Es wurden Läden aufgesucht, die alle auch am Sonntag auf haben. Sie kauften auch was, mussten dann die Rabo-Bank aufsuchen und erst mal Geld ziehen. Dann gab es doch noch einen Frühschoppen am Marktplatz. Keine Hunde, hunderte Touristen und ebenso viele Oldtimer. Eine Rallye mit Treffen auf dem Marktplatz.

Als wir wieder in Kijkduin waren, machten wir uns endlich auf zur Strandwanderung. Herrlich. Viele Hunde, keine Leine. Kollegen und ich rannten, sprangen durch hohe Wellen und verausgabten uns ziemlich. Na ja, ich hielt mich bei den Sprüngen ins Wasser als kleiner Hund zurück. Aber dabei sein ist alles.

Nächsten Tag schon wieder ein Ziel per Auto. Wer kennt schon Rijswijk. Der Sturm war sehr stark geworden, meine kurzen Beine musste ich verdammt in den Sand stemmen. Also war ich einverstanden mit der Fahrt. Sie wollten dort eine bestimmte Firma aufsuchen, aber nur von außen. Was ich so mitbekam, bekommt die eine meiner Schwestern ihre Firmenrente von dort. Sie wollten das Stammhaus mal von außen sehen. Warum Menschen so etwas tun. Ich suchte in der Altstadt lieber Ecken und Bäume auf, stempelte kräftig. Dann der große Schreck. Über Eck ein Laden mit einer offenen Tür. Im letzten Augenblick sehe ich sie: Eine dicke, fette, schwarze Katze. Der Schreck war groß, es passierte aber nichts. Noch nachts tauchte sie vor meinen Augen auf. Welch ein Gemisch im Schlaf: Hasen, Katzen, große Hunde in wilden Wellen.

Die Abende verlaufen immer so: Sie sind ganz lieb zu mir, nennen mich Paulchen oder Prinsje, um dann zu sagen, dass sie »einkaufen« gehen. Scheinheiliges Pack. Ich weiß doch ganz genau, dass sie zum Italiener oder Indonesier oder in ihr Stammlokal gehen. Zum Chinesen gehe ich freiwillig nicht mit. Soll ich im Topf landen? Mich versorgen sie vorher an meinen Näpfen. Dann bleibe ich alleine im Zimmer. Da es um diese Jahreszeit lange hell ist, ist es kein Thema. Aber als mein geliebter Wolfgang übers Wochenende kam, blieben sie länger weg. Ich saß im Dunkeln und hatte Schiss. Sie entschuldigten sich aber sehr herzlich für dieses Vergehen.

*U*m am Strand zu liegen, war es noch zu kühl. Darum ging es weiter mit der Fahrerei. Es war eine Tagestour durch die Landschaft angesagt. Haarlem gefiel uns sehr gut. Auf dem Marktplatz trafen wir einen echten Kollegen, einen Westi. Er kam friedlich auf mich zu und küsste mich. Die Leute blieben stehen und waren entzückt von uns. In Zandvoort stiegen wir die hohen Dünen runter an den herrlichen Strand. Übrigens, bei diesen ganzen Sandläufen stärkte ich sehr meine Muskeln und nahm bestimmt ab. Heute ging es dann noch nach Alkmar. Hier suchten wir mal wieder nach einer Bank. Sie brauchten schon wieder Geld. Ein sehr netter Holländer begrüßte erst mich, dann zeigte er den Weg. Dann Egmond aan Zee. Der Strand hat Hundeverbot. Man kann aber mal kurz ins Wasser gehen, ist erlaubt. Schön warm und keine Wellen. In einem Kaffeegarten in Akerslot aßen wir dann Seezunge. Am Nebentisch drei Frauen, sie aßen gut und tranken auch Wein. Irgendwann waren sie dann weg. Die Bedienung kam zu uns und fragte, ob wir gesehen haben, wo sie hingingen oder mit welchem Auto sie fuhren. Sie hatten geprellt. Die Zeche. So sagt man wohl, wenn man nicht bezahlt. Ich erschrak, weil ich auch nie bezahle. Aber mich meinten sie nicht.

Die Rückfahrt war sehr anstrengend. Es war warm im Auto, die Sonne knallte rein. Das Schiebedach brachte etwas Kühlung, aber ich war froh, als wir im Hotel ankamen. Es ging gleich in den Garten, sie bestellten Getränke, ich Wasser. Als ich sehr entschlossen an der Handtasche fummelte, merkten sie, dass ich schon wieder Hunger hatte. In allen Taschen befinden sich meine Mikro-Donuts (rund mit Loch, essen Amis in groß) und Leckerli. Wenn ich Appetit habe, kann ich sehr aufdringlich sein und zeige keine Erziehung. So nach dem Motto: Erst das Fressen, dann die Moral.

Es folgte dann noch der übliche Strandmarsch. Mich reizt plötzlich das Wasser, ich gehe freiwillig bis zur dritten Welle.

Dieser Tag hat mich geschafft, aber den Sonnenuntergang genieße ich noch auf dem Balkon. Sie blicken aufs Meer, ich verschlinge meinen Kauknochen. Wer so aktiv ist, muss auch mehr essen.

Unsere Morgentouren gehen meistens bis an die Mole von Scheveningen und zurück. Das sind drei Stunden. Das ist Leben. Baden, toben mit Kollegen, trinken so viel ich will, und alles ohne Leine. Manchmal gehen sie zurück durch die Dünen. Das heißt für mich Leinenzwang. Es gibt erzogene Hunde, die gehen ohne Leine und hören auf das Rufen. Ich nicht, habe wohl nicht die nötige Erziehung gehabt, hatte ja die Schule vorzeitig abgebrochen. Also Leine. Wenn ich dann gar keine Lust mehr habe, stelle ich die Beine stramm auf den Boden und beuge den Kopf nach unten. Schluss, ich gehe nicht weiter. Das Problem gibt es am Strand nicht. Aber sie sind ja nicht klein zu kriegen mit ihrer Lauferei. Ging es am Morgen am Strand entlang, kam die Mittagspause, dann auf den unzähligen Dünenwanderwegen wieder Richtung Scheveningen. Es ist ja wirklich wunderschön da. Wälder, Wiesen, Büsche mit Hasen. Aber ich kann manchmal nicht mehr. Dann bock ich, sie müssen mich tragen. Gott sei Dank geht es am Nachmittag dann mit dem Bus zurück zum Hotel. Aber das war auch so eine Geschichte. Bis sie endlich die richtige Linie gefunden hatten, blamierten sie sich gewaltig. Wir machten eine große Tour am Nachmittag am Strand entlang bis Scheveningen. Dann das endlose Stück durch den Hafen, dann auf die Promenade bis zu dem weltbekannten Seesteg. Hier liegt ein Lokal am anderen. Als sie merkten, dass ich schon wieder bei der Hitze Durst hatte, gingen sie sofort mit mir ins nächste

Lokal, suchten den üblichen Wassernapf für Gästehunde, ich legte mich hin und trank den Pott alle. Wir machten uns gestärkt auf den Weg zu den Bussen. Die Linie wussten wir. Der Bus kam, wir nannten unser Ziel, der Fahrer meinte, wir müssen entgegengesetzt fahren. Komisch. Wir taten es. Das Ergebnis war eine zweistündige Fahrt durch Den Haag. Wir deklarierten es als Stadtrundfahrt, waren aber doch wütend. Später waren wir schlauer. Wir fanden eine andere Linie, die 4, und brauchten von unserem Ziel bis vor das Hotel nur noch zehn Minuten.

Manchmal fuhren wir auch zum Hafen mit dem Auto und setzten uns auf die Terrasse der gemütlichen Brauerei zum Bier und Blick auf die Schiffe. Für mich langweilig, wenn keine Kollegen kamen.

Oder wir fuhren mit dem Auto in die andere Richtung, nach Monster. Hier können wir auch herrlich den endlosen Strand entlang laufen. Wir parken in der alten Wohngegend und gehen die Treppe rauf über die Dünen. Am Anfang steht eine Bank, auf der immer alte Männer sitzen und reden. Gemütlich. Am Strand trifft man am Vormittag immer ein Rudel Hunde. Das ist so: Man kann seinen Hund abgeben, wenn man selbst keine Zeit hat. Drei oder vier junge Frauen übernehmen den Auslauf. Sie raffen alle Rassen zusammen und traben an den Strand. Alles ohne Leinen. Schon auf dem Weg durch die Dünen geht der Zoff los. Und dann passiert es. Nicht alle Hunde sind sich grün. Die Weiber palavern und passen nicht auf. Plötzlich wildes Beißen und herzzerreißendes Hundeheulen. Blut im Sand. Dann erst bequemen sich die Weiber und schreiten ein. Wir haben immer einen großen Bogen um die Horde gemacht.

Es kommt das Wochenende. Und an diesem Freitag soll mein geliebter Wolfgang kommen. Endlich befreit von der Weiberwirtschaft! Der Tag verläuft wie jeder andere in diesen zwei Wochen: Hasenjagd, Strand- und Dünenwanderung, dann ab 17 Uhr beginnt das Warten. Wir stehen auf dem Balkon, natürlich haben die beiden schon wieder dieses Gemisch Campari und Sekt in der Hand. Es wird ja nicht mehr gefahren. Dann endlich kommt der silberne SLK ins Bild. Wir runter. Aber dieser langweilige Fahrstuhl kommt wieder nicht. Jeden Tag dasselbe Theater. Ich sitze immer davor und stiere ihn an. Wir schaffen es aber noch rechtzeitig. Er muss nämlich erst durch die Schranke und sagen »Kamer 334«.

Dann kommt er auf den Parkplatz. Ich begrüße ihn mit wildem Geschrei. Bei Freude habe ich immer eine sehr hohe Tonlage, bei Wut (oder Angst) kann ich ganz tiefe Töne von mir geben. So wie große Hunde.

Nach dieser Begrüßung finden wir uns auf dem Balkon ein und begrüßen das Wiedersehen. Er hat viel zu erzählen, weil er den Tag davor Jubiläum hatte und auch noch die Reste mitgebracht hat. Pasteten und herrlich stinkenden Käse. Ich durfte auch probieren. Die Tüte steht dann tagelang auf dem einen Balkon. Ich schleiche mich ran, stecke die Schnauze durch den Spalt und schnuppere daran. Vier Sorten Käse erkennt meine gute Nase und edle Pasteten. Dafür haben sie mir an diesem Abend wieder vorgegaukelt, dass sie einkaufen gehen. Jetzt zu dritt. Natürlich waren sie beim Italiener, sehr ausgiebig und später in der Stammkneipe in der Passage. Das war der Tag, an dem sie mich vergaßen. Ich hockte da im Dunkeln, bis einer mich holte. Dafür saß ich dann auch noch in der Passage. Es war aber schon zu spät, die Hunde waren zu so später Stunde schon durchgezogen. Ich maulte und fühlte mich vernachlässigt.

Heute am Sonnabend sieht die Welt gut aus. Denn der Dünengang am Morgen ist Männersache. Wolfgang zerrt nie an der Leine, streichelt er mich, oft sagt er »*Du bist ein so liebes Kerlchen*«, und wir sehen uns in die Augen. Die Weiber traben palavernd schnellen Schrittes voraus. Heute nicht mit mir! An einem Niedergang zum Strand, da wo immer die Rudel runterlaufen, gibt es einen Wasserhahn. Als Hund hat man hier ein Recht auf einen kräftigen Schluck. Menschen spülen sich den Sand von den Füßen. Heute gehe ich gehobenen Hauptes vorbei, weil vier Kollegen Schlange stehen. Es gibt noch mehr Tränken. Zum Beispiel an der Mole in Scheveningen, wo wir einkehren. Pilsje ist angesagt. Wenn der *Alte* dabei ist, wird öfter eingekehrt. Während sie trinken und in die dösende Sonne blinzeln, tobe ich mit einem Windhund im Sand. Klein und mopsig verschwinde ich immer wieder unter ihm. Wir verstehen uns blendend. Gegen Mittag verschwinden wir alle in unseren Betten, um eine Mütze voll Schlaf zu nehmen, um später auf dem Balkon von der herrlichen Pastete und dem duftenden Käse zu essen. Immer sagen sie, das Essen muss weg, weil es schlecht wird, aber auf die Idee, mir alles hinzustellen, kommen sie nicht.

Danach das Übliche: Hafen, Brouwerij mit Pilsje. Ein schöner Platz. Einlaufende Schiffe, Leute, Sonne. Hinterher ziehen sie sich noch an der Bude Matjes rein. Die eine Schwester lehnt es ab, die andere macht es fast täglich. Und mein Wolfgang natürlich auch. So ein kleiner Rest bleibt immer an mir hängen. Köstlich, ich lecke mir alle Barthaare. Und was kommt am Abend? Sie müssen natürlich wieder *einkaufen*. Ist ja klar.

Ich habe doch gehört, dass sie heute im »*Naut3ilus*« einen Tisch bestellten. Es wird eine lange Sitzung, aber sie kommen vor der Dunkelheit, um mit mir den Gang durch das Hasenrevier zu machen. Es war ihnen eine Lehre gestern. Wir erleben den Sonnenuntergang getrennt. Zwei vom Balkon, zwei von der Bar aus. Wer, das ist wohl klar: Die aus Rissen.

Er reist noch nicht ab. Nicht bei dem Wetter. Sehr warm, blauer Himmel. Es geht am Vormittag Richtung Monster. Da der Wolfgang und ich nicht so versessen sind auf die Rennerei, sitzen wir bald am Strand auf einer Terrasse und genießen den Sommer (bei Pilsje). Ich bekomme einen riesigen Napf mit Wasser, lege mich hin und genieße. Es ist sehr voll heute, weil am Sonntag ganz Den Haag an der See ist. Als es zu laut ist, machen wir uns auf den Heimweg.

Nach dem kurzen Lunch auf dem Balkon (die Reste müssen weg …) gehen die beiden aus Rissen an »ihren« Strand. Da geht die andere nie mit mir hin, weil man sich da auszieht. Ich guck da gar nicht hin. Wäre gerne dort, denn mir wird immer erzählt, dass da die Hunde mit dürfen und auch nackend rumlaufen.

Als sie zurückkommen, sitzen wir auf der Hotelterrasse bei einem Glas Wein. Ich beobachte die vielen Gäste heute, es gefällt mir in der Woche, wenn es ruhiger ist, besser. Ich langweile mich und verlange Entschädigung. Man geht mit mir in die Dünen. Am Abend, erzählen sie mir, gehen sie zu dem Indonesier. Einkaufen, also fürstlich essen. In diesen Laden gehen sie oft, ich nicht. Asiaten sollen ja Hunde essen. Auf jeden Fall sitzen die beiden in der Woche immer im Nichtraucherteil. Heute, mit dem Wolfgang, fragt die Wirtin: »*Heute Lauchel?*« Hat man mir erzählt. Sonnenuntergang wieder von der Bar aus, ich vom Balkon. Aber vorher mein Rundgang durch die Dünen, dann bin ich auch kaputt. Hatte heute Magenschmerzen, weil ich doch von der Pastete und dem Käse genommen hatte.

Am nächsten Tag leide ich. Aber nicht wegen der Pastete im Magen. Nein, der Wolfgang reist am Vormittag ab. Ein Hund spürt doch sofort, wenn sich etwas verändert. Da steht doch die Reisetasche, da liegt doch der Petz drauf, der immer mit ihm reist. Ich bin traurig, als er sich verabschiedet, schiebe meinen Kopf zur Seite. Aus und vorbei die langsamen Spaziergänge. Na ja, die Hasen sind geblieben, ich werde gleich mal nachsehen. Das Leben geht weiter. So sagen immer die Menschen. Ich sage: Die Jagd geht weiter, auch ohne Wolfgang. Aber da das Wetter wieder so gut ist, verziehen wir uns an den Strand bis zum Nachmittag. Ich werde sofort aktiv und grabe ein riesiges Loch, dann lege ich mich rein und döse. Ich sinniere gerne, grüble vor mich hin. Da ich einen Schirm über mir habe, Wassernapf an der Seite, kann ich entspannen. Und dann? Natürlich Hafen. Da gibt es »Simonis«. Eines der Fischlokale am Hafen. Riecht sehr gut. Mir pult man die Gräten raus, ich genieße. Später das übliche Pilsje in der Brauerei, ich halte nach Hunden Ausschau. Habe meinen müden Tag, jage nicht in den Dünen nach Hasen, liege friedlich auf der Hotelterrasse, als sie später schon wieder Durst haben. Haben sie gar nicht so doll, haben ein neues Bier entdeckt. Palm-Bier. Was die sich immer ausdenken, ich bleibe beim Wasser.

Dann, endlich, leihen sie sich Räder. Soll sehr teuer sein mit DM 15,00 pro Tag, also nur heute. Wir haben ja den Korb für mich, inkl. Matte, mitgebracht. Und rein geht es in diesen. Ich bin plötzlich wieder ganz groß, sehe entsprechend höhnisch auf die Kollegen runter. Lauft man schön durch die Dünen bis Monster und weiter. Ich halte die Nase in den Wind und denke mir, die Geschwindigkeit stammt von mir. Ohren nach hinten, Duft einatmen. Moralisch gestärkt laufe ich dann auch den Strand entlang. Kommt doch da ein Kollege angeflitzt, sein Alter macht ihn fest. Was kann mir ein Jack-Russel-Verschnitt schon antun. Da sagt der Holländer zu uns: »he snäps«. Dieser falsche Hund, er schnappt nach Kollegen. Nicht mit mir, ich hau gleich ab. War aber nett vom Holländer, uns zu

warnen. Mein neues Hobby sind ja nun hier am Strand
die Möwen. Da sitzen dann so hundert Stück im Sand.
Ich mit einer Affennaht auf sie zu, sie springen auf und
fliegen schreiend weg. Ich mit meiner tiefsten Stimme
beschimpfe sie noch kräftig. Wenn ich schon keine Hasen
kriege, will ich wenigsten diese Schreihälse ärgern.

Für den Abendspaziergang haben sie sich was Neues
ausgedacht. Sie kaufen sich Softeis. Jeden Abend gehen
wir so durch die Dünen. Jeden Abend, auch am letzten.
Schmeckt mir nicht.

Ja, und dann ist der Urlaub vorbei. Sie packen, ich passe
auf, dass auch alle meine Sachen ins Auto kommen. Vor
allen Dingen *meine*. Am Anfang der Fahrt leide ich sehr,
weil Gewitter in der Luft liegt. Mein Herz rast. Dann
kommt das Unwetter, danach werde ich ruhiger.

Nach der langen und aufregenden Fahrt bin ich hundemüde.

Wieder ein Jahr später

...

$\mathcal{J}$a, sie haben Wort gehalten. Es geht in diesem Jahr wieder nach Holland. Unsere Cousine kam rechtzeitig in Hamburg an, wir konnten los. Nach herzlicher Verabschiedung von meinem Frauchen besteige ich das neue Auto. Das war vielleicht ein Kampf! Nicht das Einsteigen, sondern die Genehmigung, das große und neue Auto zu bekommen. Mein geliebter Wolfgang hat mich dann aber doch erhört und ist zu seiner Verwandtschaft nach Füssen mit dem kleinen gefahren. Nun singe ich *Granada* ..., ich meine Alhambra und lege mich genüsslich vorne hin. Meine Schwester hat jetzt auch etwas Platz für ihre Füße. Und hinten erst mal! Wir hätten 20 Hunde mitnehmen können, aber sie entschieden sich für jede Menge Koffer und den Kühlschrank. Ich habe genau aufgepasst, ob sie für mich auch alles einpackten. Badesachen, Näpfe und Fressen. Und, etwas ist neu in diesem Jahr: Sie nehmen die Fahrräder mit, damit ich in meinem gewohnten Korb sitzen kann. Extra wurde an das Auto eine Halterung montiert. Trägt meinen Zweitnamen: Paulchen. Ehrlich, steht drauf. Da sie etwas ungeschickt sind, müssen wir noch kurz am Morgen bei der Firma Paulchen vorbeifahren, um zu testen, ob auch alles stimmt mit der Montage. Dann geht es endlich um zehn Uhr los. Sie haben eine neue, kürzere Route ausgearbeitet. Soll schneller gehen. Den ersten Halt machen wir in Oldenzaal, also schon hinter der Grenze. Dieses Auto hat einen größeren Tank, und mein kleiner Tank zeigte noch keine Dringlichkeit an. Also tanken, hinter die Büsche, kurzes Picknick gegen den Durst. Ich wollte schon fragen, ob sie sich verfahren haben, weil plötzlich um mich herum alles Türken waren. Sie quollen aus zwei Bussen. Ich bekam dann mit, dass das auch Touristen waren. Na ja, es ging dann zügig weiter, wir kamen schon um kurz vor 15 Uhr an. Gleich erkannte ich die Gegend, ich rannte zu den Hasen. Aber inzwischen hatte eine Dezimierung stattgefunden: Ich sah auf Anhieb keine Hasen. Dafür wurde ich aber von dem netten Manager ganz herzlich begrüßt. Ich erwiderte mit einem Männchen, er kraulte mich und sprach deutsch mit mir. An der Rezeption gab es Schwierigkeiten. Man hatte mich nicht gemeldet. Und eine neue Verordnung sagt, dass nur auf bestimmten Fluren Hunde willkommen sind. Gilt nicht für mich. Man kennt mich hier, wir bekamen die gewünschten Zimmer. Für das nächste Jahr ließen wir uns gleich die echten Hundezimmer-Nummern nennen, nicht wieder diese Aufregungen (mein Herz wird immer noch regelmäßig kontrolliert). Also, Auto ausräumen, Fahrräder deponieren, Koffer in die Zimmer. Aus dem Fahrstuhl raus, renne ich den Flur entlang. Ich weiß ja noch vom letzten Jahr, wo die Zimmer sind, bleibe vor der Tür stehen. Da sagen die beiden mir, das sei falsch, die Zimmer liegen gegenüber. Bin ich denn blöd? Nein, sie wollten wieder Dünen- und Seeblick, weg von Blick auf Promenade. Aber was ich einmal drin habe, ist drin. Ich lief regelmäßig zu den falschen Türen, einmal sogar rein und durch bis zum Fenster, weil die Tür auf war. Da saß im Sessel ein fremder Mann. Man war aber sehr nett zu mir, die Leute waren ja auch aus Hamburg. Hab auch nicht gepinkelt, das hatte ich ja schon in dem eigenen Zimmer getan. Es muss sein, ich muss mein Revier ab-stempeln. Dann auch nie wieder.

Als nun alles verstaut war, wollten sie sofort dem Palm-

Bier zusprechen. Wir saßen auf der Terrasse, ich konnte alles wieder in mich aufnehmen. Nach den Bieren wollten sie dann auch noch das Terrain sondieren, wir machten uns auf zur Promenade. Die Stammkneipe *Het Pannetje* gibt es nicht mehr, also werden sie auch nicht wieder dort sitzen und mich im dunklen Zimmer vergessen. Aber wer weiß, wo sie jetzt ihren Genever trinken. An diesem Abend bleiben sie friedlich. Wir besorgen uns ein paar Pommes, sitzen auf dem Balkon, unten habe ich unser Auto im Blick, eventuelle Hunde auch, aber ganz sicher die Dünen, in denen sich jede Menge Hasen bewegen. Ich weiß es, morgen werde ich sie jagen. Wir teilen uns noch die Klopse, den Campari mit Rum trinken sie allein.

Am nächsten Morgen geht der Urlaub los. Schon früh sitze ich hinter der Verbindungstür, sie muss jetzt bald kommen, ich höre sie schon. So ist es jeden Morgen.

Und wenn sie »*einkaufen*« gehen, bleiben die Verbindungstüren auf, dann kann ich mit meinem Cousin spielen, der ist auch mitgekommen. Er ist zwar aus Plüsch, aber nett. So um halb acht gehen sie immer mit mir raus, den Rundgang durch die Dünen machen. Wir treffen sehr viele Hunde, alle sehr nett und unbissig. Danach gehen sie immer üppig frühstücken. Und sie kommen zurück, haben eine kleine Tasche dabei, die eigentlich für das Taschentuch gedacht ist, aber jetzt mit zwei hart gekochten Eiern gefüllt ist. Und dann, bei unseren anschließenden Wanderungen, essen sie genüsslich diese Eier in der Dünenlandschaft. Natürlich werden die Eier auch mit einer roten Flüssigkeit runtergespült. Zu allem sagen sie dann »*köstlich*«. Für mich gibt es auch immer etwas aus meinen Vorräten. Am ersten Morgen regnet es heftig. Sie unter Schirmen, ich schüttle mich nur zwischendurch, mein Fell wird kraus, ich bin ganz kleiner Hund. Sie fangen schon wieder mit den langen Touren durch die Dünen an, wie im letzten Jahr. In Scheveningen gehen wir dann zu dem Bus 4 und fahren zurück. Ich fahre gerne Bus, meine kurzen Beine können sich ausruhen. Und als inzwischen das Wetter besser ist, die Sonne scheint, springe ich in den Fahrradkorb und lasse mich fahren. Zum Beispiel nach Monster, immer auf den Deichen. Jetzt entdeckten wir dort einen eingezäunten Abschnitt, in dem Hunde frei laufen dürfen. Sehr schön. Es geht auch per Rad nach Scheveningen, zum Hafen. Hafen ist schön, riecht nach Fisch. Ich darf aber keine Abfälle essen, auch keinen *Jungen Hering*, den die eine immer isst. Mein Magen verträgt es angeblich nicht. Aha, der Trödelladen am Hafen wird sofort aufgesucht. Bloß weil sie im letzten Jahr zu geizig waren, den Hocker zu kaufen, eilen sie da hin. Hätte ich gleich sagen können, dass sich solche Stücke nicht ein Jahr halten. Hocker sind weg. Enttäuscht zurück, geht es in die Ladenpassage bei uns. Kleine Leckereien werden besorgt und auf dem Balkon verspeist. Wir sind sehr gerne auf dem Balkon, der hat Sprossen, ich habe frei Sicht zu den Hasen in den Dünen, sie blicken immer nach den Schiffen. Wenn der Wind sehr hart ist, beobachten sie immer die Segler per Fernglas. Ich höre sie dann immer sagen »*Mensch, Mensch, Mensch, Mensch, Mensch*«. Wahrscheinlich hätten sie jetzt Schiss auf den Booten.

Ja, und dann folgt immer die Ruhepause. Jeder in seinem Zimmer, wird gelesen. Ich döse und sinniere. Und schlafe auch zwischendurch. Da ich die Uhr im Kopf habe, weiß ich immer, wann die Pause rum ist und gehe schon mal zur Verbindungstür. Es geht dann wieder raus. Manchmal auf den hohen Hügel mit der herrlichen Aussicht. Eine steile Treppe führt rauf, ich muss ganze Strecken getragen werden, mir bleibt die Puste weg wegen meiner Behinderung an Lunge und Herz. Runter die andere Seite führt ein Weg. Auch hier gibt es sehr viel zu riechen, weil beliebter Hundeausführweg. Von den Strapazen haben sie dann angeblich Durst, und wir nehmen Wein und Wasser in der Passage ein. Wieder vor der alten Kneipe, die nun neue Besitzer hat und nach Pommes stinkt. Die Besitzerin von früher soll einen Mann gefunden haben, sie hat hier verkauft. Mir ist das gleich, ich liege immer an der gleichen Stelle und kontrolliere die vielen Hunde, die an der Leine an mir vorbeiziehen. Der Lümmel von gegenüber aus der Boutique ist weg. Der Schisshase hatte ja solche Angst vor mir, hat mitbekommen, dass ich wieder im Land bin und bleibt zu Hause. Aber andere Beute zieht immer vorbei.

Na ja, die Abende sind immer die gleichen, ich werden beköstigt, sie gehen *einkaufen*. Vorher heißt es immer »*Heute Italiener, Grieche, Fisch?*« Warum sagen sie nicht klipp und klar, dass sie essen gehen. Ich verstehe doch jedes Wort, kann auf meine Art auch antworten. Auf die Spielchen gehe ich ein, verziehe mich schon vorher in den Schrank.

Sie können ja gehen, so lange sie mich nicht im Dunkeln sitzen lassen. Einmal und nicht wieder (siehe Bericht vom letzten Jahr). Wenn sie dann zurück sind, bin ich noch mal dran. Kleiner Rundgang vor der Nacht. Meistens gehen wir durch die Siedlung, die Häuser sind so schön anzusehen, alle sehr gepflegt.

Dann kommt in den nächsten Tagen das herrliche Sommerwetter, wir gehen an den Strand. Ich im Korb, sie bepackt mit Strandgut. Per Fahrrad an den Hundestrand. Die große Schwester hat eine gelbe Strandtasche. Kaum steht diese im Sand, hebe ich das Bein. Sie zieht mich magisch an, da hilft auch keine Beschimpfung. Ich muss es aus einer inneren Kraft heraus tun. Nun heißt diese Tasche *Dixitasche*, benannt nach den Leihklos. Der Strand ist ein Erlebnis! Tausend liebe Hunde. Ich suche mir immer die Welpen aus, sie riechen so gut. Der nächste ist ein Rauhaardackel, er heißt auch Max. Dann ein sehr lebhafter Langbeiner, der sehr wild ist und mich auf Trapp hält. Man pfeift mich zurück, weil ich total erledigt bin. Ich sehe von unserem Lager aus weit runter zum Wasser und beobachte die badenden Hunde. In diesem Jahr ist es mir doch zu bunt, ich will ihnen zeigen, dass ich auch schwimmen kann. Man nimmt mich auf den Arm und geht so weit ins Wasser, dass ich keinen Boden unter den Füßen habe. Behutsam legt man mich ins Wasser, und ich paddle ans Ufer. Wie wild arbeiten meine Beine, die Schnauze hoch, stolzer Blick. Sie brüllen »*er kann, er kann*«. Natürlich kann ich. Und ganz lässig lande ich am Ufer, gehe mit erhobenem Schwanz und Kopf im Sand entlang. Es wird immer wieder wiederholt. Als Belohnung suchen wir die Strandklause auf. Ich Wasser, sie Palm-Bier. Auch hier Hunde. Wieder zurück, fange ich endlich mit der Buddelei an. In meinem Garten zu Hause habe ich nur harte schwarze Erde. Hier spritzt der Sand nur so auf Badelaken und sonst wo hin. Zur Kühlung liege ich dann in meinen Burgen. Aber so am Nachmittag wird es uns allen zu heiß im Sand. Mir, ohne Schuhe, glühen die Füße. Es geht dann zurück per Rad. Alle duschen, wir landen auf der Hotelterrasse zwecks Durst. Sie reden schon von Salvatore, den sie am Abend aufsuchen wollen (einkaufen beim Italiener, kommt doch gleich der Ausspruch). Nach einigen Tagen merke ich, dass es mir nicht gut geht. Ich bin immer müde, bin froh, wenn sie mich im Zimmer lassen. Schon wenn ich Aufbruchstimmung merke, verziehe ich mich in den Schrank. Ich lasse sie gerne alleine gehen. Kurze Touren mache ich mit. Wird es zu viel, lege ich mich einfach hin, sie müssen mich tragen. Es ist keine Faulheit, ich bin überfordert. Eines

Tages nehmen sie dann meine Tragetasche mit. Die Tour umfasst wohl 7 km. Dünen, Scheveningen, Richtung Den Haag zu einer Haltestelle. Ich weiß, dass sie schwer zu tragen haben an mir, aber es geht nicht anders. Munter werde ich wieder auf dem Platz vor dem Hotel. Da hat sich einer etwas Lustiges ausgedacht. Ich kann es nicht beschreiben. Er bückt sich, hat die Hände als vierte Füße in großen Seemannsschuhen und ist jetzt so gebückt ein kleiner Seemann und tanzt nach Marschmusik. Ich bin immer ganz begeistert, wenn er da ist. In seine Mütze, die dann später auf dem Boden liegt, habe ich mal reingesehen. Die Leute werfen Geld rein. Ich habe ja keins, wollte als Dank auf meine Art bezahlen und stempeln. Man zerrte mich schnell weg. An einem Tag, als es mir wieder so dreckig ging, sind sie mit dem Bus nach Den Haag gefahren. Später erzählten sie, dass sie am Bahnhof ausgestiegen sind, im Antikmark waren und wegen des Regens sonst nichts besichtigt hätten. In dieser Zeit lag ich genüsslich in meinem bezahlten Bett.

Mein Dalmatinerkissen und mein Cousin sind immer bei mir. Oft fahren wir dann anschließend mit dem Rad zum *Waldeck*. Ein Einkaufsviertel. Einer geht immer in die Läden, der andere hütet mich. Man bindet mich nie vor dem Laden fest. Ich bin zu gutgläubig, könnte mitgehen. Eins muss ich eingestehen: Die Hasen sind mir nicht mehr so wichtig. Sie haben mich jetzt zwei Jahre verar…, indem sie so schnell abhauten. Jetzt ist Schluss. Gelassen nehme ich sie zur Kenntnis. Kann auch sein, dass es an meiner Unpässlichkeit die ganze Zeit über liegt. Ich musste mich auch schon nachts übergeben. Mein Unwohlsein zeigte ich, indem ich mich mitten in die Schuhe im Schrank legte und mit großen schwarzen Augen raussah. Da zieht immer Mitleid auf. Geht bloß zu Eurem Chinesen und esst süßsauer. Ich dürfte sowieso nie in ein Chinesenlokal. Sie zerren Hunde in die Küche, ziehen bei lebendigem Leib das Fell ab, und dann ab in den Topf. So spricht man in Hundekreisen über die Chinesen.

Und dann ist es soweit. Mein geliebter Wolfgang soll noch heute ankommen. Mit dem kleinen Auto, in dem ich in Hamburg immer fahre. Wir sind alle aufgeregt. Jeder auf seine Art. Man sitzt auf dem Balkon und wartet. Es wird etwas gegessen, dazu getrunken. Es wird spät, es wird dunkel. Schnaps ist alle, Wolfgang ruft an. Er jetzt in Breda. Also noch eine knappe Stunde. Wir warten. Sehen in den Dünen Licht. Im Dusel meinen wir (aus Spaß), er kommt durch die Dünen, weil er sich verfahren hat. Es ist so weit. Ich meine, wir lachen über unseren Witz. Dann endlich fährt er an die Schranke vom Parkplatz. Dann wieder zurück. Wir warten und machen unsere Bemerkungen. Es klärt sich später auf, dass die Schrankenordnung per Computer schärfer ist. Kennt die Schranke das Auto nicht, bleibt sie zu. Also musste er zum Nachtportier. Dieser war erfreut, ihn mal wieder zu sehen und ließ ihn rein. Große Begrüßung. Gleich nehmen wir ihm noch die letzten Tropfen aus dem Flachmann ab, dann verziehe ich mich. Der Tag ist mir zu lang, sie reden noch einige Zeit.

Die nächsten Tage sind nicht so stressig. Mein Wolfgang geht immer sehr besinnlich, mir bleibt viel Zeit zum Schnuppern. Da wieder herrliches Badewetter ist, ziehen wir alle zum Hundestrand. Zwei per Rad, einer am Strand entlang. Ein herrlicher Tag. Die Bierpause wird akkurat eingehalten, wir sitzen im Strandbasar, draußen auf der Terrasse. Mein Herz bleibt stehen! Es kommt ein Hund, ich dachte, es wäre ein Kalb. So etwas Großes ist mir noch nie vor die Augen gekommen. Dazu ein jüngerer Mann, setzt sich zu uns, bietet dem Wolfgang eine Selbstgedrehte an, wir Hunde lernen uns kennen. So groß und so lieb. Hätte ich nicht gedacht. Der Mann hat aber auch eine besondere Ader für Tiere. Wir unterhalten uns sehr lange. Er ist Bauer und lebt ohne TV und so weiter. Nur seine Tiere. Als der Riese später ins Wasser springt, reicht die Welle meterweit. Da kann ich nicht mithalten. Diskret ziehe ich mich leise summend in den Sand zurück. Aber dann kommt der Hammer. Wir wollen am Strand die Zelte abbrechen. Das nennen sie so, wenn sie meine und ihre Sachen einsammeln. Angeblich habe ich alle Badelaken versaut mit meiner Buddelei. Dennoch passe ich auf, dass sie meinen Trinknapf nicht liegen lassen. Dann wird auch der Schirm eingezogen, unter dem ich mich die letzte Stunde niederließ, weil die Sonne mich kaputt machte. Der Wolfgang bleibt noch, weil er zu Fuß geht. Wir zu den Rädern. Da hat doch so ein Clown das eine abgeschlossen, wofür wir keinen Schlüssel haben. Was soll ich sagen, da beschuldigten sie doch erst den Wolfgang, und wir gingen wieder durch den heißen Sand zu ihm. Er war genau so empört über die Vermutung wie ich. Er würde so etwas *nie* machen. Ja, den Anschluss nannten sie dann Odyssee. Dabei war der das auch nicht. Wir trugen das Rad abwechselnd die ganze Strecke bis nach Scheveningen. Mein Wolfgang und ich fanden eine gute Lösung. Komm, Weißer, die Weiber werden jetzt einen Fahrradladen aufsuchen, wir setzen uns hier hin und trinken Bier. Das war gemütlich. Ich im Schatten unter dem Tisch, er vor der Kneipe. Ab und zu sprachen wir miteinander. Sie fanden keinen Laden und kamen völlig geschafft zurück. Dann sie wieder weg, zum Bus. Nach einiger Zeit erschienen sie mit dem großen Auto, weil da der Gepäckträger, das Paulchen, dran war. In letzter Minute, kurz vor Ladenschluss konnten wir dann das Rad abgeben im Waldeck bei einer Werkstatt. Die sollte am nächsten Tag das Schloss abmontieren, dieses Teil kommt nie wieder ran. Gleichzeitig montierte er eine neue Lampe, weil wir diese bei der Hinfahrt nach Holland verloren hatten. Mein Gott, war das ein aufregender Tag. Nach den unvermeidlichen Dusch- und Umkleideaktionen sagte ich ganz laut, dass für mich der Tag rum ist. Keine Pfote setze ich mehr vor die Tür. Sie gingen einkaufen, wollten Muscheln essen. Wie ich später hörte, waren Muscheln aus. Sie landeten beim Chinesen, meinem Feind.

An einem Abend fuhren wir alle zusammen an den Hafen zu Simonis, dem Fischlokal. Das war richtig für mich. Alleine der Geruch. Kleinigkeiten bekam ich ab, nur von den Schalentieren hielten sie mich fern.

Dann kam wieder der Abschied von meinem Wolfgang. Nach dem Frühstück begleiteten wir ihn zum kleinen Auto. Ich war so traurig, dass ich ganz einfach bockig wurde, den Kopf zur Seite schmiss und mich nicht bewegte. Er fuhr trotzdem, und für uns stellte sich wieder der Alltag ein. Ich weigerte mich, das Fahrrad abzuholen, ich fühlte mich immer noch nicht wohl. Auch begann meine Pfote zu schmerzen, also in den Schrank zwischen die Schuhe. Am nächsten Tag geht es mir etwas besser, ich fahre mit mit dem Bus nach Delft. Jedes Jahr landen wir an einem Tag in Delft, sie finden immer etwas, was sie dringend brauchen, angeblich. Im Bus liege ich die Stunde unter dem Sitz. Als Weißer ging ich runter, als Grauer kam ich raus. Im Hotel mussten sie mich mit Shampoo reinigen. Soll schlimm ausgesehen haben. Wie hasse ich diese Wäscherei und das Kämmen anschließend. Jeden Morgen kommt der Kamm auf mich zu. Oft flitze ich weg, sie kriegen mich aber immer. Ohne Belohnung würden sie mich unter dem Bett nicht vorkriegen. In Delft passierte es dann mit mir, als wir kurz vor einem Antiquitätenladen standen, wurde ich sehr unpässlich. Sie hatten Gott sei Dank Tüte und Tücher mit, bereinigten schnell alles. Und meine Pfote wurde immer schlimmer. Als ich nur noch humpeln konnte, packten sie mich und fuhren nach Monster zu Dr. Krüger, nein, der heißt hier anders. War sehr ruppig zu mir, aber entfernte einen steinharten Klumpen aus meinen Ballen. Es tat höllisch weh, der Viechdoktor nannte mich empfindlich. Blöder Kerl. Aber danach konnte ich wieder laufen, wenn auch die Magengeschichte blieb. Ewig war ich schlapp. Später in Hamburg bei meinem Doktor, wurde ich liebevoll untersucht, alles wurde wieder gut. Von Holland aus hatten sie meinen Doc angerufen, er verordnete Babynahrung.

Der Urlaub nähert sich dem Ende, das Wetter wird schlecht. Es stürmt so, dass ich mich kaum halten kann. An den Strand können wir nicht, der Sand peitscht uns ins Gesicht. Aber in den bewaldeten Dünen können wir uns immer noch aufhalten, die Luft ist gut. Hasen gibt es auch, und Hunde begegnen uns oft. Am letzten Abend dann wird noch der restliche Bokma getrunken, ich nasche vom Studentenfutter und sinniere zu den Dünen rüber vom Balkon. Sie gingen wieder *einkaufen*, tranken wahrscheinlich auch Wein. Jeder in seinem Zimmer packte später, ich ließ packen, beobachtete das Geschehen vom Dalmatinerkissen aus. Wir gingen dann früh ins Bett.

Und am nächsten Morgen ging ich zum letzten Mal auf Hasenjagd durch die Dünen. Am Fahrstuhl traf ich noch den netten Manager, der immer mit mir spricht und mich krault. Wir sagten »*tot ziens*« bis zum nächsten Jahr, dann fuhren wir los. Was sehr zügig begann, staute sich natürlich wieder in der Bremer Gegend. Mir machte es nichts aus, ich lag bequem am Boden und schlief viel. In Hamburg verschwand ich gleich auf meinem Lager und ließ mich nicht mehr ansprechen. Ich war traurig, vermisste die Hasen, die Hunde, die Dünen.

*D*a ich in Holland schon mit *Prinsje* angesprochen wurde, heißt dieser Bericht

Het *Prinsje* in Holland IV.

*E*s wurde meine vierte Reise nach Kijkduin. Wir fuhren wieder mit dem großen Wagen, den ich inzwischen den *Holländer* nenne. Mein Stammplatz war mir sicher, so wie die extra für uns freigehaltenen Zimmer im Hotel. Ich bekam ja die Vorbereitungen zu Hause mit: Ich höre und verstehe alles. Da so einige Kollegen im Hotel Unrat hinterließen, weil ihre Leute nicht rechtzeitig an Land gingen, wurde die Zahl der Hundezimmer stark reduziert. Aber ich sauberer und vom Manager geliebter Hund bin Stammkunde. Mein Gepäck entspricht in der Menge dem meiner Mitreisenden: Jeder hat zwei Koffer, nur sind meine kleiner. Diesmal kam noch einiges dazu. Mein geliebter Wolfgang fuhr mit. Ja, mir standen entspannte Tage bevor.

Er saß während der Reise hinter uns und schlief oder döste, so wie ich. So wurden auch die Pausen gerechtfertigt: Er rauchte, ich hob das Bein. Die Ankunft war spannend. Ist das Meer noch da. Wie hoch sind die Wellen, wie ist der Blick aus den neuen Zimmern. Werde ich begrüßt als alter Freund. Alles stimmte noch, nur die Begrüßung entfiel. Der Manager war nicht da. Meine Programmierung war auch noch die alte. Ich bog vom Fahrstuhl links ab, begab mich in den Flur dort. Auch hier wieder Zweifel: War es nun rechts, war es links? Nichts, ich wurde zurückgepfiffen. Man bog am Lift rechts ab und landete gleich an der Stirnseite, wo die Zimmer zur Seeseite liegen. Blick aufs Meer: Nur, für Hunde meiner Größe nicht geeignet. Aber ein Stups mit meiner schwarzen Schnauze und Zeichen in die Richtung, schon bin ich auf dem Arm und sitze auf dem Geländer. Diese Schnauzenpufferei in die Wade hilft immer. Es gibt verschiedene Möglichkeiten. Entweder mache ich es offiziell, also Puff und dann ansehen, so Auge in Auge und winseln, bellen, also sich ausdrücken. Oder so von hinten an die Wade und puff und schnell wieder weg. Das heißt dann: Vergiss mich nicht.

Also, wir waren angekommen. Bevor überhaupt ausgepackt wurde, ging es auf die Seeterrasse zum Bier. Ich Wasser. Und dann den kurzen Dünenweg, Hasen erkunden. Nicht gleich bis *Titus,* dem alten Haudegen. Der Wolfgang parkte den *Holländer* ordnungsgemäß, lud die Fahrräder mit meinem Korb ab, die beiden machten sich an die Koffer. Meine Plätze wurden eingerichtet: Kleiner Korb mit Spielsachen, kleiner Korb mit Fressalien, überflüssiger Korb mit Bürste und Kamm. Die Erotikbürste will ich ja noch gelten lassen. Sie hat kleine Kugeln an den Spitzen, dadurch wird meine Haut nicht beschädigt. Aber Kamm und Drahtbürste müssten verboten werden. Mein rosa Seidenkissen kann sie einfach hinlegen, ich sortiere sowieso nach meinem Gusto. Was ich nicht gleich entdeckte: Eines Tages lupfte ich die Tagesdecke von dem breiten Doppelbett an und entdeckte das Paradies. Das große Bett steht auf massigen Beinen, dadurch entsteht eine riesige Höhle, rundum die Schabracke. Und ich probierte es aus: Wenn sie mich bürsten wollen, verschwinde ich zur Mitte, da kommen sie nicht ran. Stur, meiner Rasse entsprechend, blicke ich zur Seite. Wenn ich lustig aufgelegt bin, sehe ich sie sogar an und schlage ab und zu einen Augendeckel runter mit leichtem Nicken. Ich habe damit geschafft, das sie dann sagten, *ach, er wird ja nicht gleich verfilzen.* Und schon legen sie Kamm und Bürste zur Seite. Listig wie ich bin, komme ich dann flugs raus und greife mir meine Belohnung, die immer neben Kamm und Bürste liegt. Ich bin so fix, dass ich den Lohn jedes Mal erwische. Listig muss der Hund sein. Aber nun weiter zu dem ersten Tag.

Nach allen Pflichten machten wir uns auf den Weg entlang der Promenade. Ich hatte keine Lust auf Schaufenster oder Speisekarten, also kam der Bock. Ich ging nicht weiter. Dann gab man dem Wolfgang die Leine, und es wurde lustiger. Er geht auf meine Wünsche ein. Die beiden waren inzwischen schon zum Telefonieren, als wir dann endlich anlandeten. Was dann folgte, war so blöde wie immer: *Max wir gehen jetzt einkaufen, und Du bleibst hier.* Es ist doch bekannt, dass sie mich absetzen, um selbst dann genüsslich im Lokal zu sitzen. Wie ich schon mal sagte, zum Chinesen gehe ich sowieso nicht mit. Und das war heute ihr Ziel. Ich bekam mein Abendessen in Form von Schokos und Leberwurst. Ich weiß genau, dass in der Leberwurst, je eine kleine Kugel am Morgen und Abend, ein halbe Tablette drin ist. Ich brauche sie wegen meiner Lungenfibrose. Am Abend esse ich immer wenig. Dann schnappte ich mir mein Dalmatinerkissen und legte es nach meinen Wünschen zurecht. Ich war ganz froh, dass sie weg waren. In diesem Zimmer gibt es Plätze, die ich in aller Ruhe ausprobieren möchte. Schön finde ich immer noch offene Schranktüren. Egal, was dann im unteren Fach liegt, ich lege mich drauf.

Oder unter die Kofferablage im Flur krieche ich. *Ach, wo ist er denn ...* suchen sie mich dann. Als sie zurückkamen, machten wir noch den letzten Gang durch die Dünen, dann gab es Wein auf dem Balkon. Und dann ertappten sie mich, als ich gerade an der Brötchentüte zerrte. Just in dem Moment, als ich endlich an die duftende Ware ran kam, erwischten sie mich. Ich war verärgert und zeigte es auch. Als sie ins Bett ging, kam mir immer wieder

der Gedanke an die duftenden Brötchen, ich war sehr verärgert. Am nächsten Morgen, vor dem Frühstück (*Max, wir gehen einkaufen ...*), ging es in die Dünen. So bleibt es den ganzen Urlaub über. Danach folgt dann Badeleben oder Radtour, oder Fußmarsch. Fußmarsch muss nicht sein. Kleine Spaziergänge sind o.k., oder an der Leine mit dem Wolfgang Schnuppergänge machen. Heute, wie eigentlich den ganzen Urlaub über, war das Wetter sehr sommerlich. Als wir mit unserem Gepäck zu den Fahrrädern gingen, trafen wir den Manager. Große Begrüßung, er liebt mich und nannte mich wieder *das Kind*. Die beiden Weiber fuhren, Wolfgang und ich wanderten den Strand entlang bis zum Hundestrand. Herrliches Hundeleben den ganzen Tag. Zwar sind die Hunde hier etwas kühl reserviert, aber ich kann auch so. Mag ich einen nicht, ignoriere ich ihn. Bei denen ist es wohl ein anderer Grund, denn wie kann man mich nicht mögen! Ich schwamm sehr viel, war sehr stolz. Da ich alleine nicht in das hohe Wasser gehe, trägt man mich raus, ich aus eigener Kraft, die Beinchen wild tretend, zurück, zeige mich stolz an Land. In diesem Jahr haben sie wieder diese gelbe Badetasche mit. Sie reizt mich den ganzen Tag. Und jede Gelegenheit nehme ich wahr, um sie anzupinkeln. Es überkommt mich einfach und geht blitzschnell. Auch mich mit der Schnauze draufstoßen, stört mich nicht.

Ich pinkel immer, wenn ich Stress habe. Und Stress gibt es immer. Hier einige Beispiele. Neue Umgebung und Gerüche, wie in Einkaufszentren. Hier haben sie mich aber immer so kurz an der Leine wegen dieser Leidenschaft, dass es nicht passieren kann. Aber auch an Koffer gehe ich, weil das mit einer Verabschiedung verbunden ist. Ich habe einen Kollegen, der ist Hund von einem Wirt, also selbst Wirt. Da kam dann eine Familie rein mit Hund. Er zu dem Mädchen, das ihn an der Leine hatte und pinkelt. Ich weiß, was er damit ausdrücken will, kann man in jedem Hundebuch nachlesen. Wir bekamen auch Zoff mit anderen Leuten heute am Strand, die auf Badelaken lagen und Hundebesitzer waren. Ich durch den Sand hin, Hund begrüßt und gepinkelt. Das gab Ärger. Rücktour genauso wie hin, landeten aber in dichten Menschentrauben, da Sonntag und heißes Wetter. Das wird morgen ruhiger.

Nach ihrem Abendessen bei *Salvatore* gingen sie wieder mit mir die Runde, ich hörte sie schimpfen, während sie mal wieder ihr Softeis aßen. Der von Wolfgang bestellte Tisch war doppelt vergeben, das Essen fast kalt und zu spät, Wolfgang große Beschwerde, dafür kostenlos die Espressi. Ich hätte gepinkelt. Für die Nacht hatte sie sich ja etwas ganz Blödes ausgedacht. Das Bett ist sehr hoch, und wenn ich rauf will, weine ich. Hilft immer. Aber sie will ja schlafen. Also stellte sie einen Koffer davor. Ich musste üben, blickte aber gelangweilt zur Seite. Hat sie nicht gesagt, ich soll mich von Koffern fernhalten wegen meiner Schwäche, das Bein zu heben? Aber um ihr zu gefallen, sprang ich nachts rauf. Danach starb diese Konstruktion sofort. Ich rauf, Hartschalenkoffer drückt ein, großer Krach, sie fast Herzschlag, ich auch. Selten habe ich mich so erschreckt. Das war ihr eine Lehre, sie muss mich wieder heben. Am nächsten Morgen fahren sie beide mit dem Fahrrad zum *Waldeck*. Mein Wolfgang verlässt uns heute, will in die Schweiz zu seinen Eisenbahnerfreunden. Wir besorgen ihm Getränke und Riegel, für uns Getränke. Ohne Wolfgang gibt es am Strand keinen Frühschoppen, oder nicht täglich. Sie nehmen für sich und mich Getränke mit und auch belegte Brötchen. Für mich zweigen sie am Morgen etwas kaltes Fleisch ab, das dann mittags mit meinem Trockenfutter vermischt wird. Aber diese Brötchen machen mich ganz nervös. Ich versuche mit Zähnen und Füßen, an sie heranzukommen. So entsteht wieder Stress, und Stress lässt mein Bein heben. Brötchen in der gelben Tasche, die sie jetzt *Dixitasche* nennen. Und wegen der ich immer beschimpft werde. Das Leben hier am Hundestrand ist sehr locker. Ich habe keinen Leinenzwang, gehe hier und dort hin, bekomme Besuch, statte welchen ab, gehe schwimmen. Habe ich Hunger, finde ich mich wieder ein. Habe Langeweile, grabe ich Löcher und schmeiße den Sand in alle Richtungen. Diesen Sport betreiben hier alle Kollegen. Einige schaffen es zu tiefen Kuhlen, man sieht sie dann nicht mehr. Dort liegen sie drin und kühlen sich. Oder man wälzt sich im Sand. Man kommt aus dem Salzwasser und rollt sich im nassen Sand. Das tut dem Fell gut, es ist himmlisch. In der Sonne trocknet man schnell, schüttelt sich und ist blitzeblank. Kein Staub aus der Stadt mehr im Pelz, schneeweiß wie nie. Mit dem Auto fahren wir gegen Abend zu *Simonis* nach Scheveningen. Wolfgang hat uns eingeladen. Ich sehe bei der Gelegenheit den interessanten Hafen wieder, da wo wir sonst immer unser Bier in der Brauerei einnehmen. Heute nicht, wir stellen bloß fest, dass der Laden mit den alten Trödelsachen weg ist. Also keine Fußbank mehr zu kriegen. Im *Simonis* schlafe ich erst mal ein, der Tag war sehr anstrengend. Aber als der Kabeljau unter dem Tisch landet, bin ich hellwach. *Kabeljau-jau*, danach dann doch noch Bier in der *Brouwerij*, draußen beim Sonnenuntergang und immer noch sehr warm. Bei *Simonis* muss man immer so früh essen, da die um 18 Uhr schließen, ist ja eine Fischfabrik. Diese Nacht mache ich nicht Rabatz, ich bin geschafft. Und am Morgen dann die große Verabschiedung. Der Wagen wird geholt und beladen, ich in den Arm genommen. Na ja, er kommt ja in einer Woche wieder. Zum Strand werde ich heute im Korb auf dem Rad gefahren. Ich sitze gerne da drin und spiele großer Hund. Heute gibt es wegen der Hitze einen Frühschoppen im *Kwartel,* dem Lokal am Hundestrand. Aber laufen können wir den gesamten Strand entlang, weit über 15 km und findet an jedem Strandabschnitt ein Lokal. Bei diesen Spaziergängen merke ich immer, wie meine Gesundheit fortschreitet. Während ich strammen Schrittes einher laufe, singe ich immer ein selbst gedichtetes Lied:

Ich bin ein kleiner Hund,
ich laufe mich gesund.
Es geht den ganzen Strand entlang,
schon bin ich nicht mehr krank.

Dabei wende ich immer den Wechselschritt an, in dem ich das rechte Hinterbein einen Takt aussetzen lasse. Man kann es nur bei meiner Rasse beobachten. Täuscht ein Hinkebein vor. Aber der Tag ist nicht lang, der Himmel bezieht sich, wir sind am Mittag wieder im Hotel und lunchen auf dem Balkon, der überdacht ist. Warm ist es, es gibt viel zu sehen auf dem Wasser. Und dann folgt so ein kleiner Mittagsschlaf. Danach fragt man mich, ob ich raus will, will nicht. Also fahren sie mit den Rädern zum *Waldeck* und kaufen ein. Sie wollen sparen. In den Zimmern befinden sich Mirkowellen, im *Sparladen* gibt es von einem Schlachter und auch anderen Herstellern täglich frische Gerichte, eingeschweißt. Also besorgen sie sich zweimal Geschirr und Mahlzeiten. Gemütlich sitzen wir dann auf dem Balkon, haben alle Schiffe im Blick, keinen miesen Ober im Nacken, und den Wein bester

Qualität im Mund. Der, der unser Gepäck nach der Ankunft raufbrachte, wunderte sich etwas über zwei Kartons *Grüner Veltliner*. Na ja, wat mut dat mut. Ich bleibe beim Wasser. So werden die Abende zu einem Genuss. Und eines fällt weg: *Max, wir gehen einkaufen* ... Ich kann es nicht mehr hören. Hier sehen wir die Containerschiffe von England kommend, viermal am Tag, liegen dann auf Reede bis der kleine Hafen frei ist. Bei unserem Rundgang heute Abend mussten sie doch wieder zuschlagen. Sie kauften bei *Baccara* ein Delfter Tablett. Die übliche Fahrt nach Delft kommt noch. Sie kauften schon diesen Fahrkartenstrip. Ich fahre kostenlos, sie benutzen alle Augenblicke Busse oder Straßenbahnen.

Am nächsten Morgen besteigen wir dann mit der *Stripenkart* erst die 12, dann Bus 4, dann Bahn Nr. 11. Und schon laufen wir hinter dem Kurhotel in Scheveningen am Hundestrand und der Promenade entlang. Dieser Hundestrand ist besser als unser, weil er viele flache Priele hat, in denen ich sehr gut baden kann. Auf den Seesteg gehen wir nicht, die nehmen Eintritt. Beim Abendessen auf dem Balkon beobachten wir den Sturm. Die Segler holen ein (ist nicht mit einkaufen zu verwechseln), die Regattaoptimisten werden in den Hafen gepfiffen. Wir wandern dann noch durch die Dünen; keine Hasen in Sicht. Heute haben wir die Frau mit dem kleinen grauen Schnauzer getroffen. Im letzten Jahr übte er noch, jetzt ist er voll dressiert, trotzdem noch fröhlich. Ich bin auch ohne Dressur ein fröhlicher Hund. Ich kann Männchen machen (wenn ein Besucher schon in der Eingangstür in seiner Tasche fummelt), oder Pfötchen geben, wenn sie geputzt werden sollen. Das mach ich extra, weil ich weiß, ich muss nicht in die Wanne. Am nächsten Tag ist Delft angesagt. Wie ich schon sagte, ist Delft jedes Jahr dran. Sie finden immer einen Grund für einen Kauf. Ich hasse die Läden, weil sie so eng sind, das Geschirr steht bis zum Fußboden runter, sie zerren mich aus Angst, ich könnte mich per Beinheben in echtem Delfter Porzellan verewigen. Die Fahrt nach Delft ist interessant. Bus 4 bis Den Haag Centraalstation, hier in die 1. Sie haben eine Unterlage für mich mitgenommen, so kann ich immer auf dem Schoß sitzen und aus dem Fenster schauen.

Als wir wieder im Hotel sind, werde ich gefragt, ob ich spazieren gehen will durch die Dünen. Ich lehne natürlich ab, will hinter den Schabracken verschwinden. Wenn dann der Housekeeper kommt, gebe ich keinen Mux von mir. Sehr aufregend und besser, als Füße wund laufen. Ich kann mich sehr still verhalten. Ich kann auch *toter Hund* spielen. Wenn sie dann den großen Schreck kriegen und mich anstoßen, grinse ich. Ich habe so viele verschiedene Seiten, dass sie sich auch nach acht Jahren noch über meine Machenschaften wundern. So zum Beispiel die Sache mit den Enten. Möwen und Vögel hier interessieren mich nicht.

Einmal machte ich mich lächerlich, in dem ich eine Schar mobilisierte. Und was habe ich davon? Herzjagen, eventuell Herzkasper. Sie entschwinden in den Lüften, ich stehe als dummer Junge da. Die Sache mit den Enten am Teich in Hamburg ist eine andere. Wenn ich beim Spaziergang runter ans Ufer laufe und dann im Wasser auf und ab gehe, schaue ich immer rauf zu ihnen, um gelobt zu werden. Dann nehmen sie aber eines Tages wieder Brot für die Enten mit, diese kommen zuhauf, sie werfen die Krumen und missachten mich. Das reichte eines Tages, ich stürzte ins Wasser und bellte die Viecher an. Ich schrie förmlich. Reine Eifersucht, aber ihnen eine Lehre. Dieses Spiel wiederholte ich inzwischen, kreischte so laut, dass die Leute kamen um zu sehen, ob man mich misshandelt. Ich liebe diese Spielchen.

Ein anderes Spielchen mache ich im Garten zu Hause. Nur um sie zu ärgern. Sie muss mir die Terrassentür öffnen, ich laufe raus. Und dann verstecke ich mich. Wenn sie mich dann ruft, bleibe ich still und lasse sie durch den Garten laufen. Sie bekommt dann einen Schreck, ich grinse und laufe hinter ihrem Rücken schnell rein, krieche unter den Sessel. Wie man sieht, habe ich viel Menschliches an mir.

Als das Wetter mal nicht so gut war, wurde ich in den Korb gesetzt, wir fuhren die ganze Tour bis Hoek van Holland. Der Wind blies von vorne, ich die Nase hoch, die Haare stramm nach hinten. Sie haben dann immer Angst um meine Augen. Sollen sie mir doch eine bequeme Taucherbrille aufsetzen. Die Fahrt war jedenfalls sehr interessant, wir kehrten auch ein. Ich war ausgeruht, sie mussten zurück auch nicht so strampeln, weil Wind von hinten. Deshalb machen wir noch einen Abstecher auf den Blombergaussichtshügel. Sie heben mich hoch, damit ich auch die Aussicht über die Dünenlandschaft genießen kann. Die Sonne scheint jetzt heiß, wir verbringen den Nachmittag wieder am Strand. Heute sind hier nur arrogante Hunde, die nicht mit mir spielen wollen. So liege ich dann auf meiner Matte, werfe mit Sand, schwimme meine Runden.

Es folgten dann noch drei Jahre in Holland. Inzwischen war es so geregelt, dass wir immer die gleichen Zimmer in der fünften oder sechsten Etage Seeseite bekamen mit dem herrlichen Ausblick. Wenn ich auf dem Bett liege, sehe ich direkt aufs Meer und in die untergehende Sonne. In einem Jahr merkten wir, dass es weniger Hasen gab. Dann wurden es wieder mehr. Man hatte wohl ausgemistet. Es gibt jetzt auch eine schwarze Hasenfamilie. Sie wohnen auf einer Düne, zeigen sich recht arrogant.

Ich kann schwimmen ...

... aber das Wasser ist ganz schön kalt.

Nein, ich will keine Hilfe ...

... dann gehe ich raus!

In all den Jahren war ich darauf vorbereitet, einen dieser Kerle zu fangen. Im Traum malte ich mir eine Taktik aus. Und dann, eines Tages, passierte das Malheur. Ich ging des Dünenweges, als plötzlich ein junger Spund vor mir steht, glotzt mich an, weiß nicht rechts noch links, schlägt dann aber doch einen Haken. Er hat mich so überrumpelt, dass ich nicht reagieren konnte. Auge in Auge mit einem Hasen war all die Jahre mein Traum. Und dann konnte ich nicht reagieren.

Die späten Nachmittage und Abende sind immer sehr gemütlich. Wenn keine Gefahr mehr für mich besteht, dass ich laufen muss, liege ich auf dem Bett. Und die beiden Weiber sitzen am Tisch vor der Glaswand zur Seeseite und legen Puzzle. So könnte es immer sein.

Die Nacht soll nicht so lustig gewesen sein, ich habe nichts gemerkt. Im Hotel fand mal wieder eine Hochzeit statt, die Gäste waren außergewöhnlich laut. Wir jammern am nächsten Tag meinem Freund, dem Manager, die Ohren voll. Er spricht mit der Rezeption, entschuldigt sich natürlich bei uns und streichelt mich. Diese Beschwerde hatte dann zur Folge, dass mein gesamter Aufenthalt aus der Endabrechnung gelöscht wurde. Bin ja auch ein kleiner, sauberer Hund, der den Manager immer mit großen schwarzen Augen ansieht. Dieses Wochenende gab es noch Aufregung bei den beiden. Mein Gott, sie waren richtig aufgeregt. Am Samstag hatten sich, wie jedes Jahr, wieder die Trödler aufgebaut. Ich hasse dann die Promenade. Ewig muss man Angst haben, dass einem auf die Pfoten getreten wird. Wir Hunde sehen uns immer da unten ganz verzweifelt an, können gar nichts sehen. Wir verhalten an einem Schmuckstand, ich weiß nicht, was da gesprochen wurde, ich verschwand erst mal aus der Schusslinie, legte mich unter den Tisch. Danach wurde den ganzen Rest des Tages, beim Abendessen, am

Morgen, also immer fort, geredet. Und schon zogen wir wieder los. Wieder zu dem Schmuckstand. Es wurden 10 % auf zwei Lapislazuli-Ketten ausgehandelt, dann zur Bank gerast, Geld abgehoben. Glücklich zogen sie dann mit indischen Beuteln, in denen die Beute lag, ins Hotel, auf die Seeterrasse, mit Palm-Bier wurde der Kauf begossen. Dann verstauten sie den Schmuck im Safe. War wohl teuer. Aber für mich ein erlesenes Halsband aussuchen, liegt nicht drin. Jetzt fangen sie an zu sparen, essen auch beim Abendspaziergang kein Eis mehr.

In unserem Hotel wohnt außer mir noch Charly. Groß und kräftig, Rheinländer. Also eigentlich Retriever, Brite. Seine Leute machen es sich am Hundestrand mit Hotelhandtüchern gemütlich, breiten Picknickkorb für Mensch und Hund aus. Charly hat riesige Fress- und Trinknäpfe, so wie mein Neffe Rieko. Ich hin, tobe mit Charly, dem Rüden, bekomme Durst, darf aus Charly's Napf trinken. Alles verläuft lustig. Wir baden, toben, rollen uns im Sand. Dann kommt der Hunger. Charly geht an seinen Napf, ich hinterher. Er frisst, ich auch. Und dann merkt man den Egoisten. Er wird wütend und schnappt nach mir. Hast Du Dir gedacht, Du fetter Klopper. Erst den netten Jungen spielen, dann nicht teilen wollen. Ich werde so wütend, sehe rot, beiße, brülle, der Strand erwacht zum Leben. Gerade noch rechtzeitig kommt der Wolfgang angerannt, nimmt mich auf den Arm. Ich hätte Charly zerfetzt. Die Freundschaft war beendet. Charly schneidet mich die nächsten Tage. Und ich soll in der Nacht das Spiel wiederholt haben, soll sehr laut geknurrt haben.

Schnell waren wieder die zwei Wochen rum, es ging zurück nach Hamburg. Große Verabschiedung vom Manager. Die Strandleine wurde auch verpackt, ich trage wieder mein Geschirr, schnürt nicht am Hals. Wenn wir beim Arzt sind zum Abhören, wird das Geschirr abgenommen. Später sagt die Ärztin dann immer: »*Sie können ihn wieder anziehen*«.

Im Jahr 2004 wurde ich sehr krank. Selbst in der Nacht musste man mit mir runter, ich wurde zu einem Häufchen Elend. Sie riefen in Hamburg bei meinem Arzt an, bekamen gesagt, unbedingt Arzt aufsuchen. Nicht wieder den in Monster, dachte ich. Der hat mir mal vor Jahren grob Müll aus den Krallen gepult, hatte sich festgetreten und entzündet. Wir fuhren aber doch nach Monster, in die Apotheke, um das empfohlene Mittel zu kaufen. Dort nannte man uns eine Tierklinik Richtung Rotterdam. Wir fuhren hin. Hübsch auf einem Reiterhof. Von der Ärztin war ich gleich begeistert. Sie durfte mich überall anfassen. Fieberthermometer in den Po, Stethoskop an die Lunge, Bauch abtasten und so weiter. Eine strenge Diät, Tabletten und Weiterbehandlung in Hamburg wurden mir verordnet. Ich werde jetzt dort im PC geführt. Aber nicht unter Max, weil in Holland viele Hunde so heißen. Meinen Nachnamen musste ich angeben. Heute ist das alles einfacher. Ich trage schon lange einen Chip. Aber damals war ich echt krank. Es kam oben und unten raus, ich litt Höllenqualen. Der Urlaub ist mir in schlechter Erinnerung. Keine Leckereien mehr. Auf den Rückfahrten halten wir immer bei Groningen an und essen in einem *Van der Valk* große Seezungen. In diesem Jahr bekam ich nur Wasser.

In Hamburg hatte ich dann noch einen Unfall. Als ich hörte, wir fahren an den See, war ich im Auto schon recht aufgeregt. Beim Aussteigen passierte es dann. Ich bellte nervös vor Freude, sprang ungeschickt raus, da wurde die Tür zugemacht, mein Schwanz war drin. Ich sah Sterne, schrie verzweifelt. Sie reagierten schnell, aber der Schwanz war gebrochen, Blut überall. Schnell ging es zu Dr. Krüger. Röntgen, Verband. Ich hatte Glück, der Nerv war nicht durch, man versprach mir gute Heilchancen. Aber: Ich sollte diesen üblichen Kragen tragen. Schon beim ersten Versuch eckte ich überall an. Meine Schwestern hatten eine sehr gute Idee und nähten mir einen Anzug. Praktisch wie eine Strumpfhose. Der Schwanz steckte in einem Sack, der sich über den Rücken in Form einer Decke verlängert und mit Gummibändern um den Bauch gehalten wird. Ich war sehr stolz auf den Anzug, weil er überall große Begeisterung auslöste und zum Patent hätte angemeldet werden können.

Ich ertrug die Zeit der Heilung mit großer Gelassenheit. Wir hatten Sommer, und ich schlummerte in der Sonne auf der Terrasse, ließ mich allerdings sehr verwöhnen, weil *sie* in meiner Schuld standen. Da ich ein gesunder Hund bin, war die Sache bald vergessen, es sind keine Schäden nachgeblieben.

Für eine andere Sache erhielt ich auch Kleidung. Als starker Rüde und noch dazu ein Alphahund, machen mich die Weiber immer an. Es gibt Zeiten, da denke ich nur an das *Eine*, würde auch den weitesten Weg auf mich nehmen, wenn sie mich nur ließen. Sie lassen mich aber nicht, also muss ich die Sache ausschwitzen. Und dafür bekomme ich dann diesen Anzug.

Und dann hatte ich das schrecklichste Erlebnis! Mein Schwanz wurde in der Autotür eingeklemmt: Durchgebrochen!

Dr. Krüger flickte ihn, und ich bekam die patentierte Schutzhose. Sonst hätte ich diesen Krankenkassenkragen tragen müssen.

*I*n den Jahren 2005 und 2006 hatte sich in Kijkduin sehr viel verändert. In erster Linie wohl die Preise, wie ich aus unzähligen Gesprächen raushörte. Unverschämt, Frechheit, wofür, so ging es. *»Aber wir machen es ja für seine Gesundheit. Der Junge braucht die Seeluft für seine Lunge«.* Ist ja richtig, aber die Hasen haben es mir genauso angetan. Und schwimmen kann ich auch. So wie im Jahr davor die Sache mit dem Hasen Auge in Auge passierte, überfiel mich im letzten Jahr die Tiefe des Wassers. Bei Ebbe gibt es doch immer die Priele. Wunderbar für Kurzbeiner. Man watet gemächlich bis zum Bauch durch das Wasser, keine Wellen. Jeden Tag das gleiche Spiel. In Monster an dem endlosen Strand gibt es einige davon. Ich liebe diese Wanderungen. Wer ahnt dann, dass es tief wird. Stellt Euch vor, ich hatte plötzlich keinen Grund mehr, meine Leute standen am Ufer und beobachteten mich. Die eine wollte schon schreien, als ich als Held auftrat. Mit einer selbstverständlichen Ruhe schwamm ich die Meter, erhob den Kopf stolz, ging gelangweilt ans Ufer. Sie waren so beglückt, dass sie mich küssten und jubelten. Sie rannten zum Wolfgang, um zu berichten. Er sollte kommen, ich sollte wiederholen. Aber da hatten sie die Rechnung ohne ihr Paulchen gemacht. Als sie mich zur Wiederholung aufforderten, drehte ich mich um und rannte zu den Möwen. Bin doch kein Clown.

In Holland war es immer wieder schön. Von meinem Balkon aus konnte ich Dünen, Hasen, Strand und See beobachten!

Außer den Preisen haben sich auch Lokalitäten geändert. Angstfrei kann ich jetzt in den Laden gehen, wo früher die Chinesen kochten. Heißt jetzt BeautyShop. Nach dem Leinenzwang ist es wohl schwierig geworden, Hunde in die Küche zu bekommen, also pleite. Und dann gibt es jetzt noch zwei Discotheken am Strand. Wir bekamen an den Wochenenden keinen Schlaf. Bis morgens um sechs Uhr darf in Holland Krach gemacht werden. Da wir direkt am Strand wohnten, waren wir voll betroffen. Das Hotel kam uns nicht entgegen. Sie haben kein Recht und Gesetz, sagte der Manager. Also reiste ein Kollege mit seinen Leuten vorzeitig ab, wir dann auch. In Hamburg bekamen wir dann eine Entschädigung für eine Nacht Luxussuite. Wir werden nicht hinfahren, denn wir haben ein neues Ziel:

Ostseebad Damp

. . .

*I*n diesem Jahr waren wir schon dreimal dort. Im April (noch vor Holland) fuhr ich mit meiner großen Schwester, Ägy und Kim hin, weil meine kleinere Schwester dort wohnte. Der liebe Wolfgang machte dort eine Kur. Die Zimmer haben auch den Seeblick und einen Balkon, auf dem ich genau wie in Holland durch die Ritze ins Nachbarzimmer sehen kann. In diesem Fall wohnten dort aber fremde Leute, weil ich nur einen Tag zu Besuch war und kein Zimmer hatte. Dann fuhren wir eine Woche später wieder hin, für drei Tage. Ich und meine beiden Schwestern. Wir hatten Nebeneinanderzimmer, ich konnte durch die Ritze auf dem Balkon grüßen. Am Tag waren wir mit dem Wolfgang zusammen, der dann aber woanders schlief. Aber am Tag stand er mir zur Verfügung. Die Schwestern liefen wieder vorweg, wir schnupperten an den Feldern. Als wir dann in Kappeln die dicken Rippen zu Mittag aßen, war für mich die Welt in Ordnung. Hinterher lange Spaziergänge am Wasser entlang. Hier gibt es viel mehr Strand für Hunde. Von Holland her war ich gewohnt, dass man mir vom Frühstück Geflügelwurst oder Roastbeef mitbrachte. Nun war ich gespannt, was hier passiert. Und siehe da, sie kamen mit Wurst nach oben in die siebte Etage. Dann erzählten sie mir, dass der Küchenchef selbst einen Hund hat, den er sehr liebt. Also hatte er in eine Serviette eingewickelt seine Grüße bestellt. Und sie sagten, dass ich hier in Damp ins Lokal darf. Am nächsten Morgen nahmen sie mich mit. Natürlich begrüßte der nette Koch mich, gab den Schwestern wieder eingewickelte Wurst. Er darf mich ja nicht anfassen. Aber dann lief alles schief. Ich gehe nicht wieder mit ins Lokal. Ich komme doch ganz durcheinander. Wir also wieder rauf ins Zimmer. Ich nehme sofort den Platz ein, den ich immer einnehme, wenn die Schwestern mit der Wurst vom Frühstück kommen. Aber nichts. Sie verstanden mich gar nicht. Ich machte sie mit meiner Nase auf die Handtasche aufmerksam, in der sonst immer die Wurst ist. Nichts. Sie sagten, ich hätte ja schon unter dem Tisch meine Mahlzeit gehabt. Am nächsten Morgen weigerte ich mich mitzugehen, legte mich in den Schrank. Tue ich das, wissen sie, dass ich nicht mit will. Altes Mittel. Hier haben die Schränke Schiebetüren. Also kann keine zuschlagen. Und als sie zurückkamen, spielte sich die alte Zeremonie ab. Tasche auf den Fußboden, ich an den gewohnten Platz, Wurst raus. So muss es sein.

Und weil es so schön war, sind wir dann später noch mal nach *Damp* gefahren. Jetzt für vier Tage. Der Wolfgang war bei Freunden in England. Da ich nicht fliegen darf, konnten wir nicht mit. Wir hatten die Fahrräder mit, ich gemütlich im Korb. So machten wir herrliche Ausflüge Richtung Eckernförde, durch Wälder, die Küste entlang. Am Hundestrand, der direkt beim Hotel, gleich hinter dem Yachthafen ist, konnte ich noch wunderbar baden. Hier gibt es auch solche Priele, aber ich vermied die Tiefen. Als mich andere Kollegen aufforderten und ins Wasser sprangen, tat ich immer die ersten Schritte mit und drehte dann bei. Das fiel nicht auf in dem Gewusel.

... jetzt bin ich froh, dass alles zu Papier gebracht ist. Ich habe mein Versprechen gehalten und die Reiseerlebnisse aufgeschrieben.

Tschüss, Euer lieber Max